AF451257

DERROTA A TUS ENEMIGOS

Descubre el poder que reside en tu boca para vencer la adversidad

María Menchaca

EDIQUID

DERROTA A TUS ENEMIGOS
© María Menchaca
Editado por: Corporación Ígneo S.A.C
para su sello editorial Ediquid
Av. Arequipa 185 1380,
Urb. Santa Beatriz. Lima - Perú
Primera edición, marzo 2021

ISBN: 978-612-48483-1-5
Impresión bajo demanda
Hecho el Depósito Legal en la Biblioteca Nacional del Perú N° 2021-02386
Se terminó de imprimir en marzo del 2021 en:
ALEPH IMPRESIONES SRL
Jr. Risso Nro. 580
Lince - Lima

www.grupoigneo.com
Correo electrónico: contacto@grupoigneo.com
Facebook: Grupo Ígneo | Twitter: @editorialigneo | Instagram: @grupoigneo

Diseño de portada: Mariana Barrientos
Diagramación: Dianora Gómez Nessi
Corrección: Ninoska Adame

Colección: Integrales

Contenido

Dedicatoria

A aquel que me dio la vida y me ha sostenido desde el vientre hasta el día de hoy, al Dios Todopoderoso.

Derrota a tus enemigos

Más que un libro es una herramienta que guiará tu vida paso a paso para vencer todo lo que ha venido a oponerse a ti.

En estas páginas encontrarás la ayuda necesaria para obtener la victoria que habías estado añorando.

Déjame decirte que tu deseo forma parte de la naturaleza con la que el Creador te diseñó, algunas personas creen que vivir en derrota o sufrimiento es normal, sin embargo, el anhelo de Dios para ti es que tengas una vida victoriosa, de esa manera, Él puede demostrar su poder. Mira lo siguiente:

«Hasta que tu victoria brille como el amanecer» (Isaías 62:1, DHH).

Cargar ese deseo dentro de ti es el reflejo de la naturaleza de Dios, por lo tanto, lo que encontrarás en esta guía te llevará a lograr el objetivo.

Esta guía es para todas aquellas personas que han ido en búsqueda de ayuda y no han obtenido resultados.

El ser humano lidia no solo con la esfera natural; existe, también, un mundo espiritual. Y en esa área se encuentran batallas que tienes que pelear para que tu situación cambie.

Cuando ya lo has intentado por medios naturales, tal vez medicamentos, terapias, etc., elementos que son importantes, pero aun así nada parece cambiar, entonces has llegado al punto donde esa condición puede ser resuelta desde el área espiritual. A través de esta guía te daré las armas para vencer a tus enemigos.

Un importante escrito menciona lo siguiente:

«Mi pueblo fue destruido porque le faltó conocimiento» (Oseas 4:6, RVR).

Hemos tratado de encontrar todas las respuestas desde la razón y el intelecto, sin embargo, conozco profesionistas que cuentan con maestrías y doctorados y aun así no pueden vencer la depresión, alguna adicción o alguna maldición generacional de cáncer, de muertes prematuras en sus hijos, accidentes, entre muchas circunstancias más.

El conocimiento de la verdad nos hace libres, porque entonces podemos ver la realidad de las cosas.

El ser humano está conformado por tres partes, es un ser tripartito: es un espíritu que vive en un cuerpo y tiene un alma.

El espíritu es el que nos da vida, cuando este es retirado, nuestro cuerpo queda sin vida.

Espíritu se traduce del griego *pneuma* (πνεῦμα), que significa literalmente «aliento, soplo».

Lee lo siguiente:

«Entonces Dios, el Señor, formó al hombre de la tierra misma y sopló en su nariz y le dio vida. Así el hombre se convirtió en un ser viviente» (Génesis 2:7, DHH).

Antes de que Dios soplara su aliento sobre Adán, este solo tenía forma de cuerpo que Dios le había dado con la tierra; pero cuando sopló vida a su nariz, fue entonces cuando el primer hombre vivió.

Eso es el espíritu, lo que nos da vida y la parte donde habita nuestro Creador, es quizá el área a la que menos le prestamos atención y en donde muchos de nuestros problemas se resolverían. Sin embargo, nos enfocamos mayormente en el cuerpo y en el alma, lo cual, aunque es bueno, lo ideal sería empezar en el inicio: lo espiritual.

A través de este libro nos enfocaremos en esa área para que vivas en victoria y sobre tu vida se vea manifiesta esta promesa eterna:

«El camino de los justos es como la luz de un nuevo día, va en aumento hasta brillar en todo su esplendor» (Proverbios 4:18, DHH).

El deseo de Dios es que tu vida vaya en aumento, no que decrezca, por eso es que te encuentras leyendo estas páginas.

Ahora bien, antes de llevarte hacia las herramientas con las que ganarás las batallas quiero enseñarte de manera práctica lo que es el cuerpo y el alma.

El alma proviene de la palabra griega *psujé* (Ψυχή), ese es el área donde se encuentra la mente, voluntad y emociones, es el asiento de nuestra personalidad.

El cuerpo es nuestro ser físico. Dios nos colocó sobre la tierra, es decir, en un mundo físico que opera de acuerdo con parámetros y propiedades naturales.

La esencia del ser humano es espiritual, pero no podría operar sobre la tierra sin nuestro cuerpo.

Cuando alguna de las tres áreas se encuentra debilitada nuestra vida no funciona a perfección. En algunas ocasiones tratamos con lo físico, quizá tomamos medicamento, pero aún seguimos sintiendo una profunda tristeza o ansiedad, y es que la raíz no se encuentra en el cuerpo, sino que puede estar albergada en el espíritu. Por eso es que muchas veces la medicina se ve rebasada, y a pesar de seguir con tratamientos la persona no puede salir de la cautividad de la depresión o de todo aquello que la oprime.

«Porque no estamos luchando contra poderes humanos, sino contra malignas fuerzas espirituales del cielo, las cuales tienen mando, autoridad y dominio sobre el mundo de tinieblas que nos rodea» (Efesios 6:12, DHH).

La versión RVR 1960 lo describe de esta manera: «Porque no tenemos lucha contra sangre y carne, sino contra principados, contra potestades, contra los gobernadores de las tinieblas de este siglo, contra huestes espirituales de maldad en las regiones celestes».

Aquí encontrarás el cómo lograr vencer sobre toda fuerza o poder que se haya levantado en tu contra, si identificas alguna de estas o más opciones puedes encontrarte en una lucha de índole espiritual.

Lee con detenimiento:

- Tristeza crónica.
- Depresión.
- Sentimiento de llanto o luto constante.
- Profundo desánimo.
- Pensamientos suicidas (ganas de quitarte la vida).
- Odio contra Dios, la vida o las personas.
- Pesadez en tu cuerpo.
- Somnolencia sin causa.
- Debilidad emocional y física.
- Cansancio y fatiga inexplicables.
- Adormecimiento en alguna parte del cuerpo.
- Retraimiento.
- Opresión emocional.
- Falta de paz.
- Insomnio.
- Opresión mental (voces, ideas, ataques a la mente o en sueños).
- Temor.
- Miedo.
- Pánico.
- Estancamiento.
- Escasez.
- Enfermedad.
- Sentimiento de vacío.
- Destrucción en tu vida o en alguna área de tu vida (salud, mente, emociones, relaciones, negocios, economía, propósito).
- Accidentes.
- Disminución en tu vida en cualquier área.
- Inquietud.
- Ataques de brujería.
- Hechicería.

- Satanismo.
- Ocultismo.
- Decretos de maldición que te fueron enviados.
- Muerte.

Todas estas situaciones pueden tener un trasfondo o una raíz en el área espiritual.

Como lo explicaba al principio existe una falta de conocimiento a nivel mundial sobre quién es Dios realmente y su poder, debido a que lo ven como un líder religioso, sin poder, pintado o esculpido y clavado en una cruz. El mundo piensa que así es.

Sin embargo, la verdad es que Él es tan grande que no puede ser encerrado en una escultura y tampoco permanece clavado en una cruz; él venció a la muerte, está vivo y tiene poder.

«Que lo sepultaron y que resucitó al tercer día, también según las escrituras» (1 Corintios 15:4, DHH).

Debido a esta victoria hay un permiso y una autorización legal para que salgas de toda ruina.

Si por otro lado has estado lidiando con ataques de brujería de personas a tu alrededor entonces aquí encontrarás tu arma de defensa y la espada con la que destruirás y vencerás todo ataque.

Mi historia

Ahora permíteme contarte cómo surge este libro, voy a hablarte un poco de mi historia. Tú y yo podemos debatir nuestro conocimiento pero no hay manera de debatir la experiencia vivida, por eso quiero abrirte una parte de mi corazón.

Viví todas las situaciones que envuelven a una persona que ha pasado por todo esto, vivía con una profunda tristeza, cada día era una carga abrir los ojos y saber que había despertado; le dije a Dios en más de un par de ocasiones que mi existencia no era necesaria, que me hubiera encantado no haber nacido. Me encontraba bajo una opresión mental tan fuerte que no tenía reposo ni despierta ni dormida, había olvidado lo que se sentía ser feliz o cómo se sentía tener paz.

Aunque físicamente me encontraba en condiciones óptimas debido a la edad, a mi dieta alimenticia y a que regularmente realizaba actividad física, había un deterioro inexplicable en mí.

Pasé meses de mal vivir y en ellos mi vida parecía estancarse, dejé de crecer en todas las áreas, era como si todo se hubiera detenido, nada bueno sucedía a mi alrededor nada avanzaba, todo comenzaba a destruirse, tuve accidentes automovilísticos, enfrenté pérdidas, enviaban demonios a mi habitación, conocí el mundo espiritual del enemigo hasta que un día algo interno me empujó a pelear por mi vida y me hizo saber que eso no era el plan de Dios.

Inicié un tiempo de ayuno y comencé a buscar a Dios, cada noche doblaba mis rodillas en mi habitación y ahí Él fue librando mi vida y me fue guiando en su palabra para conseguir todas las armas con las que vencería.

Así lo hice, pasé una temporada donde cada madrugada cuando las luces se apagaban yo buscaba a Dios y confesaba su palabra, pasé semanas y meses hasta que llegó el día donde todo se rompió y miré a la destrucción, la brujería y la muerte que me perseguían irse.

Desapareció la tristeza, recuperé la paz, volví a reír y recobré la vida, le pedí perdón a mi Creador por haber renegado contra Él y por haber menospreciado mi existencia.

Hoy mi vida está floreciendo. Comencé a crecer y mi voz está siendo usada en la ciudad donde actualmente resido para ayudar a otras personas.

Nada está perdido. Si estás leyendo esto, persiste, vas a vencer, tu vida volverá a brillar como la luz en el amanecer.

Te entrego las armas que recibí de parte de Dios mientras yo atravesaba por todos los ataques que anteriormente enlisté.

De todos ellos mi Creador me libró, me dejó con vida y, no solo eso, me dio la victoria sobre todos aquellos que se oponían a mí.

Mientras mis enemigos hacían trabajos de brujería contra mí y lanzaban maldiciones yo permanecía de rodillas —usando cada una de las armas que te daré— hasta que veía cómo sus planes se caían y ellos junto con sus planes.

«Contra Jacob, no valen los maleficios, contra Israel no valen las brujerías. ¡Cuántas maravillas ha hecho Dios contigo!» (Números 23:23-24, DHH).

Por último, quiero recordarte algo: Dios está del lado del hombre y de la mujer que lo buscan, así que no tengas miedo porque Él está contigo en la batalla y, de la manera en que me ha dado la victoria a mí, también te la dará a ti.

¡Derrota a tus enemigos!

Preparación para la guerra

Como cualquier soldado antes de entrar en batalla necesitas colocarte tu armadura y prepararte para iniciar.

Recuerda seguir siempre estos pasos para que el enemigo no tenga ningún espacio por donde pueda entrar a tu vida.

1. Reconocer a Jesús como tu Señor y Salvador

De esta manera le das acceso a Él para que vaya a la guerra contigo y su poder te proteja. La Biblia establece que Jesús es quien tiene autoridad en todo ámbito. Observa la magnitud de su poder.

«Por lo cual Dios también lo exaltó hasta lo sumo, y le dio un nombre, que es sobre todo nombre, para que en el nombre de Jesús se doble toda rodilla de los que están en los cielos, y en la Tierra, y debajo de la tierra y toda lengua confiese que Jesús es el Señor» (Filipenses 2:9-11, RVR).

Inicia diciendo conmigo lo siguiente:

Padre Celestial: Yo reconozco que soy un pecador y que mi pecado me separa de ti. Hoy creo con mi corazón y confieso con mi boca que Jesús es el Hijo de Dios, que Él murió por mí en la cruz y que Dios, el Padre, lo resucitó de entre los muertos.

Te pido perdón y me arrepiento de todos mis pecados. Renuncio a todo pacto con el mundo, con la carne y con el diablo, y hago un pacto de nuevo contigo, Jesús, para amarte y servirte cada día de mi vida. Jesús entra a mi corazón y cambia mi vida.

Si hoy muriera, al abrir mis ojos sé que estaré en tus brazos. *Amén.*

¡Felicidades! ¡Acabas de añadirte al equipo vencedor!

2. Ponte a cuentas

Toma un momento en silencio para reflexionar sobre tus fallas y pecados y comienza pidiendo perdón por cada uno de ellos, por todas las fallas conscientes e inconscientes.

Padre amado, en este momento vengo delante de ti porque tu palabra expresa que puedo venir delante del trono de tu presencia para encontrar la ayuda oportuna (Hebreos 4:16, DHH) (...)
También dice que si mis pecados fueren como el rojo más vivo vendrán a ser como blanca lana (Isaías 1:18, DHH) así que sabiendo de tu misericordia te pido que me perdones

por (mencionar fallas/pecados) y por todo acto injusto que cometí de manera consciente o inconsciente.

Recibo tu perdón y te doy gracias en el nombre de tu hijo Jesús.

Nota: Nunca entres en batalla sin antes ponerte a cuentas.

3. Colócate la armadura de Dios

Puedes hacerlo de la siguiente manera:

Me coloco el casco de la salvación, la coraza de la justicia, ciño mis lomos con los cintos de la verdad, calzo mis pies con el apresto del evangelio de la paz, tomo el escudo de la fe con el que puedo apagar todos los dardos de fuego del maligno y desato la espada del Espíritu en mi boca que es la verdad. (Efesios 6:13, DHH)

4. Cúbrete con la sangre de Jesucristo, el Hijo de Dios

Ahora mismo me cubro con la sangre de Jesús de Nazaret, cubro mi vida, mente, alma, cuerpo y espíritu. Oro que el poder de su sangre me blinda y me protege, desato su sangre en cada miembro de mi familia y cubro mi casa y mis caminos. *Amén.*

«Y ellos le han vencido por medio de la sangre del Cordero y de la palabra del testimonio» (Apocalipsis 12:11, RVR).

5. No desistas hasta que veas la victoria

¡Persiste! Si comenzaste entonces no te detengas hasta lograrlo, hay fortalezas que no se derriban en un día o en una semana, hay fortalezas que requieren más tiempo.

La Biblia narra la batalla de los israelitas al tratar de conquistar la ciudad de Jericó. Ellos no llegaron a atacar y ganar en un día, Dios les dio una estrategia y fue hasta el día siete que las murallas de esa ciudad cayeron y los israelitas pudieron entrar a conquistar la ciudad.

«Pero el Señor le dijo a Josué: Yo te he entregado Jericó, con su rey y sus soldados. Ustedes, soldados israelitas, den una vuelta diaria alrededor de la ciudad durante seis días. Siete sacerdotes irán delante del arca de la alianza, cada uno con una trompeta de cuerno de carnero y el séptimo día darán siete vueltas a la ciudad, mientras los sacerdotes tocan las trompetas. Cuando ustedes oigan que las trompetas dan un toque especial, griten con todas sus fuerzasy la muralla de la ciudad se vendrá abajo» (Josué 6:2-5, DHH)

Tienes la victoria asegurada en la manera en la que persistas, eres tú quien ha de poner en retirada a todo enemigo, eres tú quien ha de derribar las murallas a través de tu oración diaria y constante.

6. **Por último, siempre al finalizar tu tiempo de oración cierra las brechas, es decir, no le dejes nada al enemigo, comienza a adelantarte a él diciendo lo siguiente:**

Padre, en el nombre de Jesús de Nazaret yo anulo, desbarato y destruyo todo ataque, todo acto de venganza, todo acto de represalia, golpe, accidente, muerte. Todo revés o contra ataque que el enemigo quiera levantar en mi contra o en contra de mi familia. Deshago toda obra de maldad y libero el poder de la sangre del Hijo de Dios para que ahora mismo sepulte todo acto de venganza en el nombre de Jesús. *Amén.*

Armas de guerra

1. **«Para esto apareció el Hijo de Dios, para deshacer todas las obras del diablo».**

   (1 Juan 3:8, RVR)

Padre Celestial, oro que toda obra de maldad en contra de mi vida sea deshecha, que todo plan que se engendró para destruirme, para hacerme daño o para acabarme ordeno que sea deshecho en este instante.

Que nunca prevalezcan los planes de los malvados en mi contra, que nunca sucedan ni se lleven a cabo, que al sonido de mi voz queden deshechas todas las obras del adversario, lo establezco en el poderoso nombre del Hijo de Dios.

Oro que se deshagan los maleficios, los decretos, los escritos, los trabajos, las intenciones y los deseos de mis enemigos, que todo lo que me enviaron sea destruido ahora y siempre en el nombre de Jesús.

Desbarato sus planes en el cielo y en la Tierra, porque para esto apareció el Hijo de Dios, para deshacer todas las obras del diablo. *Amén.*

2. **«No depende del ejército ni de la fuerza, sino de mi Espíritu, dice el Señor Todopoderoso» (Zacarías 4:6, DHH)**

Padre amado, en el nombre de Jesús de Nazaret, oro que esta situación no la peleo según mi fuerza ni mi capacidad, sino que la peleo con el poder de tu Espíritu; oro que te levantes y te enfrentes a mis adversarios, que tu espíritu derribe la opresión, que tu espíritu derribe la oposición, que tu espíritu se mueva a través de mi oración, que entre en batalla por mi vida (mencionar por cuáles circunstancias o personas), que entre en batalla cuando esté en angustia, que entre en batalla cuando esté en necesidad, que cuando me sienta vencido el Espíritu de Dios se levante a mi favor.

En el nombre de Jesucristo oro que el Espíritu del Dios Altísimo se mueva sobre mí, sobre mi vida, sobre esta circunstancia y la derrote, que todo enemigo conocido o desconocido sea vencido con la fuerza del Espíritu de Dios. *Amén.*

3. **«Mira yo he creado al herrero que aviva el fuego en las brasas y hace armas para diversos usos, yo también he creado al hombre destructor para que cause ruina; pero nadie ha hecho el arma que pueda destruirte. Dejarás callado a todo aquel que te acuse. Esto es lo que yo le doy a los que me sirven: la victoria. El Señor es quien lo afirma» (Isaías 54: 15-17, DHH)**

Padre, en el nombre de tu hijo Jesucristo, creo esta promesa y la hago viva sobre mí, te doy gracias porque nada ni nadie puede destruirme, solo tú tienes el poder de darme la vida o de quitármela, cada uno de mis días están en tus manos, sé que no dependo de lo que mis enemigos planean o dicen de mí, sino que dependo de ti.

Gracias, porque tú estás de mi lado y porque me has dado la autorización de enmudecer a los que me maldicen.

Oro que todas las bocas de las cuales salen decretos en mi contra sean calladas y enmudecidas, y que si no se arrepienten Dios tome mi caso a cargo y trate con mis enemigos.

Declaro que ninguna arma forjada contra mí prosperará porque me encuentro a salvo bajo la protección impenetrable de mi Salvador. *Amén.*

4. **«Sean avergonzados y confundidos los que buscan mi vida, sean vueltos atrás y avergonzados los que mi mal intentan» (Salmo 35:4, RVR)**

En el nombre de Jesucristo, el Hijo de Dios, oro que todos mis adversarios se pongan en retirada, que mientras yo oro a través de mi oración ahora mismo comiencen a ser confundidos, que sus planes sean confundidos, que sus caminos sean confundidos, que sus pensamientos sean confundidos.

Envío un espíritu de confusión al campamento contrario y establezco que ahí permanezcan atados.

Padre, permíteme ver cómo los derrotas, así como le permitiste a Israel ver la derrota de los egipcios en el mar Rojo, en el nombre de Jesús. *Amén.*

5. **«Pero tú, Señor, estás conmigo como un guerrero invencible; los que me persiguen caerán y no podrán vencerme; fracasarán, quedarán avergonzados, cubiertos para siempre de deshonra inolvidable» (Jeremías 20:11, DHH)**

Padre Celestial, ahora mismo yo oro que tú eres quien hace la guerra por mí, que hoy despliegues tu poder en mi defensa y como guerrero victorioso te levantas a pelear por mí(mencionar por cuáles situaciones o personas); oro que todos aquellos que me persiguen, que me atacan y que me oprimen quedan derribados, oro que se caen junto con sus ayudantes y sus fuerzas, que así mismo como el mar Rojo devoró a los egipcios y quedaron sepultados junto con sus capitanes, sus armas, sus caballos y todo su ejército, así mismo quedan los que me hacen la guerra, sepultados bajo la derrota y vergüenza en el nombre de Jesús de Nazaret.

Te doy gracias porque los que en ti confían no quedan defraudados y porque mayor es tu fuerza, tú, que estás conmigo, que todos aquellos que están en mi contra.

Que todos sus planes fracasen y los míos venzan. *Amén.*

6. **«El Señor pondrá en tus manos a tus enemigos cuando te ataquen. Avanzarán contra ti en formación ordenada, pero huirán de ti en completo desorden» (Deuteronomio 28:7, DHH)**

Padre Amado, yo pronuncio esta promesa para mi vida, oro que es legal y que es mi herencia, que así sucede por ser tu hijo o hija y que todos aquellos que se ponen en marcha en mi contra terminan confundidos y dispersos, mientras tanto yo permaneceré escondido (a) en la protección que me otorga tu promesa.

Así mismo, oro en el nombre de Jesús de Nazaret que los entregas en mis manos, que mis ojos verán cómo caen frente a mí y que me permites ver sus planes frustrados.

Te pido, Padre, que no permitas que yo caiga en sus manos, que no logren lo que desean, no permitas que mi vida quede a su disposición, sino que se cumpla tu promesa y suceda lo que estableciste, que eres tú quien me los entregas. *Amén.*

7. «Contigo desbarataré ejércitos y con mi Dios asaltaré muros» (Salmo 18:29, RVR)

Padre Celestial, en esta hora yo me uno a ti, tu palabra dice que el que se une contigo uno mismo es, así que en ese acuerdo y en esa comunión yo oro que me des la fuerza para derribar todo ejército contrario y la fuerza para destruir los muros, las fortalezas y la contención que se levantó contra mi vida (contra mis planes, sueños, familia, hijos, negocios, etc.), por el poder de tu palabra desbarato toda fuerza contraria y la declaro deshecha en este instante.

En el nombre de Jesucristo, el Hijo de Dios, ordeno que caigan los muros, que se vengan abajo las fortalezas, que se destruya la contención y que todo ejército enemigo sea desbaratado ahora.

Levanto un cerco de protección alrededor y digo que soy una ciudad amurallada y soy como una muralla impenetrable en la cual el enemigo no puede ingresar. *Amén, amén.*

8. «Perseguí a mis enemigos y los alcancé, y solo volví después de destruirlos. Los hice pedazos. Ya no se levantaron. ¡Cayeron debajo de mis pies! Tú me diste fuerza en la batalla, hiciste que los rebeldes se inclinaran ante mí, y que delante de mí huyeran mis enemi-

gos. Así pude destruir a los que me odiaban» (Salmo 18:37-39, DHH)

En el nombre de Jesús de Nazaret cobro valentía y oro que ese mismo espíritu de guerra que estaba sobre el rey David para enfrentarse y vencer está sobre mí.

Me levanto y voy contra todos los que me atacan, contra toda persecución, contra toda intimidación, contra toda opresión, contra toda brujería, contra toda manipulación, contra toda raíz de maldad, contra toda injusticia, contra todo enemigo o enemiga y ordeno que ¡caigan ahora mismo bajo mis pies y ahí permanezcan!

Padre, tú me das la fuerza en la batalla, mi salvación, mi auxilio y mi socorro vienen de ti, pido asistencia divina que vaya detrás de todos los que me odian, y oro que queden expuestos a la luz de Dios.

Establezco sobre mis enemigos una derrota total en el poderoso nombre del Hijo de Dios, Jesús de Nazaret. *Amén.*

9. **«Mis enemigos se pondrán en retirada cuando yo te pida ayuda.**
Yo sé muy bien que Dios está de mi parte» (Salmo 56:9, DHH).

Mi Dios amado, en este momento yo me presento ante ti y te pido ayuda, creo lo que establece tu palabra, que tú estás de mi lado por cuanto te busco y pongo mi confianza en ti. Padre, yo reconozco que mi ayuda viene de ti, y que mientras me acerco a ti en oración tú peleas a mi lado.

Oro en el nombre de Jesús que por cuanto tú presencia está conmigo todos mis enemigos comienzan a huir.

¡Temor huyes, espanto huyes, depresión huyes, pobreza huyes, maldición huyes, enfermedad huyes, destrucción huyes, muerte huyes!

Establezco mi confianza en el Dios de lo alto y oro que a partir de este momento Él comienza a enviarme su ayuda. *Amén, amén.*

10. **«Señor, Señor, mi Salvador poderoso, tú proteges mi cabeza en el combate.**

Señor, no concedas al malvado sus deseos, no dejes que sus planes sigan adelante.

Los que me rodean levantan la cabeza; ¡que caiga sobre ellos la maldición que lanzan (Salmo 140:7-9, DHH).

Padre, oro tu palabra porque, mientras mis labios proclaman lo que estableciste, esa protección tuya está viniendo sobre mí, eres tú quien me protege, el poder que me salva, la fuerza que me libra.

Rodéame de tu protección, envísteme de tu cobertura, líbrame de los ataques, protégeme cuando te llame y no permitas que el enemigo avance en mi contra.

Que todo lo que me envían se regrese al lugar de donde salió, que lo que desean para mí sea lo que se les devuelva como un *boomerang* en el nombre de Jesucristo. *Amén.*

11. **«Ustedes no se preocupen que el Señor va a pelear por ustedes» (Éxodo 14:14, DHH)**

Padre, yo me coloco bajo tu cobertura, pongo mi vida y todo lo que en ella hay para que quede bajo tu protección. Oro que quien va al frente de mis batallas eres tú, te cedo esta lucha para que seas tú quien se enfrente a mis adversarios, mientras tanto yo permaneceré en ti, persistiré en oración mientras tú mueves tu poderosa mano a mi favor.

Me quedo tranquilo (a) de saber que quien ya venció en la cruz del calvario hace más de dos mil años se encuentra a mi lado, por lo tanto, desato esa misma victoria sobre mí y sobre mis peticiones, sabiendo que nadie puede hacerte frente y que mientras descanso en ti, tú me pones en avanzada, gracias, Padre, por tu poder. *Amén.*

12. **«El que vive bajo la sombra protectora del Altísimo y Todopoderoso dice al Señor: Tú eres mi refugio, mi castillo, mi Dios, en quien confío.**

Solo él puede librarte de trampas ocultas y plagas mortales, pues te cubrirá con sus alas y bajo ellas estarás seguro.

Su fidelidad te protegerá como un escudo» (Salmo 91:1-4, DHH)

Padre Celestial, yo declaro que estoy bajo tus alas y bajo tu sombra, establezco que esa sombra protege mi vida, protege mi alma, protege mi espíritu, protege mi cuerpo, protege mi nombre, protege mi cabeza.

Establezco tu protección divina, la cual nadie puede penetrar, y oro que de día y de noche me libras y me guardas, que esa protección me cubre en todo tiempo y en todo lugar.

En el nombre de Jesús oro que estoy bajo tus alas y que ahí permaneceré hasta el día en que vengas por mí, declaro que ninguna arma forjada contra mí prosperará, desvío las flechas y los ataques para que nunca me alcancen.

Camino a la luz de tu espíritu y oro que toda trampa oculta, red y pozo que hayan puesto para mi caída sean deshechos y destruidos ahora mismo. Llamo ángeles de protección que me guíen en todos mis caminos para que mi pie no tropiece, en el nombre de Jesús de Nazaret. *Amén.*

13. **«He aquí, os doy potestad de hollar serpientes y escorpiones y sobre toda fuerza del enemigo y nada os dañará» (Lucas 10:19, RVR)**

Padre, tú has prometido que ninguna fuerza enemiga o poder extraño puede dañarme, me has dado la autorización y el permiso legal para dominar sobre todo mal, afirmo que nada puede tocar mi vida, que tu promesa me protege de todo ataque espiritual y natural, aun de todos aquellos ataques que vengan en forma de animales, ataques a la mente, ataques en mis emociones, ataques por medio de alimentos o de sortilegios, has dicho que nada me dañará y yo lo establezco para que así suceda.

En el nombre de Jesús de Nazaret aplasto serpientes y escorpiones, aplasto toda fuerza del mal y la destruyo por el poder de la palabra y la sangre de tu hijo Jesús.

Aplasto todo ataque y toda destrucción, aplasto al enemigo y declaro que ¡nada me dañará! *Amén.*

14. «¡El fuego ardió contra todos ellos! ¡Las llamas quemaron a los malvados!» (Salmo 106:18, DHH)

En el nombre de Jesucristo de Nazaret desato el fuego de Dios contra todo ataque.

Fuego de Dios que consuma toda artimaña, fuego de Dios que consuma toda palabra de maldición enviada en mi contra, fuego de Dios contra toda inmundicia, fuego de Dios que queme toda confusión y desastre, fuego de Dios que vaya hasta donde se encuentren los pactos, escritos, fotografías, conjuros, sacrificios del enemigo, que el fuego de Dios los consuma ahora mismo.

Fuego de Dios en contra de todo espíritu de muerte, en contra de planes de accidente, en contra de toda murmuración y de todo dardo del enemigo enviado en el nombre de Jesús.

Así mismo, me cubro con el fuego de Dios y oro que ese fuego me rodea, rodea mi cuerpo, rodea mi alma, rodea mi espíritu, me cubro con el fuego de Dios. *Amén.*

15. «Nunca permitirá que resbales, ¡nunca se dormirá el que te cuida! No, él nunca duerme; nunca duerme el que cuida de Israel.

El Señor es quien te cuida, el Señor es quien te protege, quien está junto a ti para ayudarte» (Salmo 121:3-5, DHH)

Padre, gracias porque tú siempre estás conmigo, porque desde que abro mis ojos hasta que los cierro permaneces a mi cuidado, gracias porque desde el vientre de mi madre y hasta el último día de mi respirar permaneces a mi lado, gracias porque tienes todos y cada uno de mis días en tus manos y tu fuerza me sostiene.

Gracias porque de mañana y de noche, en lo alto o en lo bajo, en todo tiempo y lugar acampas a mi alrededor.

No temeré mal alguno por cuanto estás conmigo para protegerme y defenderme, es tu protección la que me mantiene a salvo, es tu protección que me da vida, es tu protección que me libra, es tu protección que me guarda, es tu protección que me coloca en lugar seguro y me hace estar firme en el nombre de Jesús, tu hijo. *Amén.*

16. **«Mi vida entera está unida a ti, tu mano derecha no me suelta. Los que tratan de matarme caerán al fondo del sepulcro ¡morirán a filo de espada y serán devorados por los lobos!» (Salmo 63:8, DHH)**

Jesús amado, hoy me uno a ti, unido(a) a ti todo lo puedo lograr, tú me fortaleces, hoy me tomo de tu diestra poderosa para enfrentar todo ataque y oposición, oro que en ti soy más que vencedor(a) y que todos mis enemigos caerán.

Establezco que la muerte no puede derrotarme porque tú la venciste en la cruz hace más de dos mil años, que mis enemigos sean devorados por los lobos, que se coman sus artimañas y sus planes, mientras tanto yo me sostengo de tu brazo sabiendo que la derrota no me puede alcanzar. *Amén.*

17. **«Los malvados, mis enemigos, se juntan para atacarme y destruirme, pero ellos son los que tropiezan y caen» (Salmo 27:2, DHH)**

Padre, muchos son los que se han reunido en mi contra, muchos son los que se ríen de mí, hacen planes perversos para hacerme caer y levantan murmuraciones, observa sus perversidades, examina sus intenciones y haz justicia.

Oro que las trampas que han puesto para hacerme caer son inoperantes, libra mis pies de caer, Padre, defiéndeme de mis adversarios, haz que se reviertan sus deseos.

Ahora mismo, yo oro que sus planes se sequen como Jesús secó a la higuera:

¡Sécate, maldición!

Espíritu de Dios mantenme firme y en pie, mantenme a salvo y en victoria en el nombre de Jesucristo de Nazaret. *Amén.*

18. **«Dice el Señor: Yo te libraré entonces del mal que te amenace, de la vergüenza que pese sobre ti» (Sofonías 3:18, DHH)**

Padre, líbrame, líbrame de todo el mal que amenace con atacar mi vida, del mal que traman y no que veo, del mal que desconozco, del mal que pudiera haber sido preparado para un día, una temporada o un tiempo en específico.

Líbrame de todo ataque nocturno, de todo ataque por la mañana o al medio día, líbrame, Padre, de todo lo que pueda dañarme, líbrame de malas personas, líbrame de sus envidias, líbrame de sus palabras lanzadas con odio o con resentimiento, líbrame de la ruina y de la vergüenza, no permitas que mi vida o mi nombre sea causa de burla, te lo pido en el nombre de Jesús. *Amén.*

19. «En ti estaré protegido, Dios mío, pues tú eres mi fortaleza y protección.
El Dios que me ama vendrá a mi encuentro; me hará ver la derrota de mis enemigos» (Salmo 59:9-10, DHH)

Padre eterno, hoy digo que me encuentro escondido(a) en el hueco de tu mano, hoy proclamo tu protección en mi vida, digo que tú, Señor, eres mi fortaleza y por cuanto me encuentro refugiado(a) en ti no puede sobrevenirme mal, tú eres mi protección y yo en ti me escondo.

Gracias, Padre, porque no solo me rodeas de tu cuidado, sino que además me permites ver cómo mis enemigos son derrotados, gracias por no permitir que sea avergonzado (a) sino que son quienes me atacan aquellos que caen y no se levantan frente a mis ojos, amo tus promesas porque tú eres fiel con el fiel y justo con el justo. *Amén.*

20. «Con la ayuda de Dios haremos proezas. ¡Él aplastará a nuestros enemigos!» (Salmo 60:12, DHH)

Padre, hoy te busco, recurro a tu nombre y a tu poder porque confío que tú gobiernas por encima de todo, por encima de los cielos estás tú, por encima de la tierra estás tú, por encima de todo lo visible y lo invisible estás tú, tu ayuda es para mí mejor que la ayuda de miles de hombres, hoy decido confiar en ti y sé que junto a ti haré grandes cosas, te agradezco porque mientras yo proclamo mi confianza en ti, tú estás peleando mis batallas, te agradezco porque mientras declaro tu poder mis enemigos están siendo derrotados.

Lo creo y lo declaro establecido en el nombre de tu hijo Jesucristo. *Amén.*

21. «Voy a clamar al Dios Altísimo, al Dios que me ayuda en todo» (Salmo 57:2, DHH)

Padre, en este momento clamo tu nombre, tú eres el Dios de mi salvación, el Dios que me ayuda en todo, cuando me encuentro en angustia, cuando me encuentro en peligro, cuando las dificultades llegan, cuando me siento oprimido(a), cuando estoy bajo ataque, tú eres quien me ayuda.

Hoy recurro a ti porque sé que en ti soy levantado(a), busco tu rostro porque creo que para ti no hay nada imposible, creo que nada es mayor a ti, por lo tanto, declaro la grandeza de tu nombre que me ayuda y me sostiene y te pido que me fortalezcas para salir en victoria de toda situación.

Señor, tú eres mi ayudador. *Amén.*

22. «En ti estaré protegido Dios mío, pues tú eres mi fortaleza y protección. El Dios que me ama vendrá a mi encuentro, ¡me hará ver la derrota de mis enemigos!» (Salmo 59:9-10, DHH)

Padre, oro en el nombre de tu hijo amado que desde el momento en que te acepté como mi Señor y Salvador tú tomaste a cargo mi vida, hoy declaro que tú eres mi escudo y mi castillo, la protección que me rodea. Señor, así como lo describe tu palabra, hoy sé que me encuentro bajo tus alas y bajo tu sombra protectora, esa sombra que es inamovible, que siempre permanece y ante la cual el enemigo no puede penetrar.

Me cubro en ti y declaro a los cielos y a la Tierra que el Señor es mi fortaleza, la fortaleza de mi alma, de mi espíritu.

Ahora mismo me fortalezco en ti y en el poder de tu fuerza y oro que esa misma fuerza se desate sobre el campamento contrario y lo derrote.

Que, así como Gedeón venció a sus adversarios, en esta hora yo venza a los míos.

Señor, en medio de la batalla encuéntrame y déjame ver cómo todos mis adversarios son vencidos en el nombre de Jesús de Nazaret. *Amén.*

23. «Tú no dejas que nadie lo toque ni a él ni a su familia ni a nada de lo que tiene; tú bendices todo lo que hace» (Job 1:10, DHH)

Señor amado, oro tu palabra porque está escrito que tu palabra es viva y es eficaz, por el poder de esa palabra yo activo esta promesa en mi vida y en mi familia, establezco como una ley y un decreto sobre mí y mis generaciones que tú no permites que nadie me toque ni a mí ni a mi familia ni a nada de lo que me pertenece o esté relacionado conmigo.

Extiendo tu protección para que me preserves de todo lo que no venga en bendición, tu protección me arropa y me preserva, me guarda y me libra ahora y para siempre en el nombre de Jesús, tu hijo.

Gracias, Padre, porque por cuanto me mantengo fiel a ti tú eres fiel a mí, gracias porque no permites que nada me dañe ni me destruya. *Amén.*

24. «Mis enemigos me pusieron una trampa para doblegar mi ánimo; hicieron un hoyo a mi paso, pero ellos mismos cayeron en Él» (Salmo 57:6, DHH)

Padre, tus ojos están puestos sobre la Tierra, tú vigilas las acciones de los humanos, ante ti nada está oculto, tú has observado, Señor, cómo mis enemigos se han levantado en mi contra, observa las intenciones de sus corazones, Padre, y mira las mías, evalúa sus acciones y destruye en el nombre de Jesucristo sus trampas.

Hoy oro tu palabra porque es lámpara a mis pies y lumbrera a mi camino, alumbra mis caminos, alumbra mis decisiones, que no caiga yo en sus artimañas, permite, Padre, que mis pies no resbalen y que mi sendero sea limpiado.

Oro que toda red, trampa oculta, hoyo y pozo que colocaron para hacerme caer queden expuestos ahora mismo a la luz de tu palabra, sean removidos y destruidos, ¡ahora! Lo ordeno en el nombre que es sobre todo nombre, Jesús de Nazaret. *Amén.*

25. «Y ahora será expulsado el que manda en este mundo» (Juan 12:31, DHH)

Padre, hablo tu palabra que es una ley vigente y una ley que opera en los cielos y en la Tierra, en el ámbito natural y en el ámbito espiritual y con el poder del nombre de Jesucristo ordeno que todo enemigo sea expulsado de mi vida, de mi mente mientras descanso, de mis emociones y de mi alma, que sea expulsado de mi casa y de mis asuntos porque así lo has determinado, Señor.

Con esa autoridad hoy expulso toda fuerza contraria a la fuerza de Dios, expulso la muerte, expulso toda adicción, expulso el temor, expulso el fracaso, expulso la destrucción y la ansiedad, ¡ahora quedan lejos de mí!

¡Fuera de mi territorio! En el nombre de Jesús. *Amén.*

26. «Hasta que tu victoria brille como el amanecer» (Isaías 62: 1, DHH)

Padre, declaro que mi victoria está cerca, hoy me paro a la brecha por mi vida (mencionar situación) y me uno a Jesús, tu hijo, porque sé que él intercede también por mí; junto a Él declaro que soy más que vencedor (a) en todas las cosas y me sostengo de tu nombre porque en Él hay salvación.

Declaro que no voy a parar de orar por esta causa hasta que obtenga la victoria, úngeme, Padre, con la unción de Jael para hacerle frente a mi enemigo y aniquilarlo, fortaléceme en el proceso para vencerlo y permíteme ver cómo tu victoria brilla sobre mí.

Hoy establezco nuevamente la victoria que Jesucristo ganó en la cruz del calvario hace más de dos mil años, una victoria total, definitiva y permanente, así mismo sea hecho en mí a través de esta oración. *Amén, amén.*

27. **«Cuando el hombre fuerte armado guarda su palacio, en paz está lo que posee.**

Pero cuando viene otro más fuerte que él y lo vence, le quita todas sus armas en que confiaba y reparte el botín».(Lucas 11:21-22, RVR)

Hoy oro que vengo del lado del hombre más fuerte, Jesús de Nazaret, el que vence, y en este momento desarmo todo ataque y artimaña satánica, destruyo sus planes secretos, declaro que no más seré robado (a) ni atacado (a) porque este es el día de mi victoria.

Ordeno que salga de mi vida y que se retire de mi casa y de todo mi territorio, pongo una marca en mi vida y sobre todo mi territorio, ¡hoy sales! Sale toda enfermedad, sale todamuerte, todo secuestro, todo intento de robo, sale todo accidente, sale toda ansiedad, sale toda depresión, ¡fuera!

Hoy Jesús te vence, quedas desarmado y te ordeno que no vuelvas a rondar mi vida, tomo el botín, las posesiones, las bendiciones, la salud, la vida la paz que me había sido robada, hoy la tomo de regreso por el poderoso nombre de Jesucristo. *Amén.*

28. **«Esta luz brilla en las tinieblas y las tinieblas no han podido apagarla» (Juan 1:5, DHH)**

Hoy ha llegado la luz a mi vida, esa luz que no puede ser apagada, Jesús, tú eres esa luz, la que alumbra mi vida y la llena de paz, Jesús, tú eres la luz que expone la mentira, que expone las trampas del enemigo.

Jesús, enciende tu luz en mi alma y en mis pensamientos, trae claridad, justicia y verdad, remueve todo control mental, toda perturbación y toda idea y diseño distorsionados en mi mente, enciende tu luz en lo interior de mi ser.

Oro que toda tiniebla, velo oculto y oscuridad sea deshecha en este momento por la luz del Hijo de Dios. *Amén.*

29. «Solamente en el Señor están la victoria y el poder, todos los que me odian quedarán en ridículo» (Isaías 45:24, DHH)

Señor amado, yo confío en ti, reconozco que de nada vale la ayuda del hombre si tú no estás, hoy pongo mi confianza en el poder de tu nombre y dejo de lado la ayuda humana, sé que si yo me rindo delante de ti tú harás que todo obre a mi favor.

No es con ejército ni con armas sino con tu poder, por eso oro que mi victoria provenga de ti, que, aunque mis enemigos tramen hacerme daño tú les harás frente y los ridiculizarás porque quienes en ti confían no quedan avergonzados ni defraudados.

Libera tu poder sobre mi vida, Padre, y que ese poder me envuelva para vencer en cada batalla, no te pongo límites para que operes a mi favor, de antemano te doy gracias porque sé que todo hecho está. *Amén.*

30. «Yo me enfrentaré con los que te buscan pleito» (Isaías 49:25, DHH)

Padre, hoy me humillo delante de ti, sé que si peleo en mis fuerzas me veré limitado (a), así que vengo ante ti porque tú no estás limitado.

Para ti no hay enemigo demasiado grande o situación imposible, por tanto, bajo mis manos para que tú pongas las tuyas, levántate, Señor, y hazles frente a los que me atacan y me oprimen, levántate y hazme justicia de mis angustiadores, oro que no es mi batalla sino la tuya.

Sé que mientras yo me rindo a ti tú vas contra todo oponente, venciendo una y otra vez porque has dicho que lo que tú le das a tus siervos es la victoria, hoy tomo esa victoria que viene de ti y te doy gracias por ser tú quien me guarda y me defiende en esta hora y siempre en el nombre de Jesús. *Amén.*

31. **«El Señor está conmigo, no tengo miedo. ¿Qué me puede hacer el hombre? El Señor está conmigo, él me ayuda. ¡He de ver derrotados a los que me odian!» (Salmo 118: 6-7, DHH)**

Mi Dios amado, hoy proclamo que tú estás conmigo, echo fuera todo pensamiento del enemigo que me hace creer que estoy solo (a), renuncio a toda mentira y ahora mismo clamo y proclamo que tú estás conmigo, por tanto, no temo a ningún hombre o mujer que se levante contra mí, yo creo que no hay nadie que pueda vencerme si tú permaneces conmigo, renuncio a temores impuestos por los humanos y me tomo de ti.

Tu presencia está conmigo, tú poder está sobre mí, tu favor me rodea como un escudo, estoy escondido (a) bajo tus alas, por tanto nadie puede tocarme, nadie puede dañarme y nadie puede vencerme.

En esta hora establezco en el nombre de tu hijo Jesús que todas aquellas personas asignadas para dañarme caen junto con sus planes. Oro que la derrota aplastante del Cordero de Dios los derribe ahora y siempre. *Amén, amén.*

32. «Sus enemigos no pudieron hacerle frente porque el Señor les dio la victoria sobre ellos» (Josué 21:44, DHH)

Mi Dios amado, así mismo como lo establece tu palabra yo lo creo; y por cuanto lo creo oro que en el nombre de Jesús de Nazaret esta promesa se vuelva viva sobre mí.

Me convierto en tu voz y digo que nada ni nadie puede hacerme frente porque tú ya has determinado mi victoria, establezco una victoria permanente, hablo victoria sobre mi nombre, victoria en todo lo que soy y en todo lo que tengo, victoria sobre todo aquello que venía para traer ruina, lo oro en el nombre que tiene autoridad en los cielos, en la Tierra y debajo de la tierra, Jesucristo de Nazaret.

Padre, te pido que cumplas tu promesa y que mis ojos vean como tu palabra es real, déjame ver cómo caen mis enemigos, derrota todo lo que se opone a mi relación contigo, derrota todo lo que se opone a mi vida, derrota todo lo que me impide crecer y avanzar, derrota aún todo aquello que no veo pero que causa que mi vida no florezca o no sea bendecida, te lo pido en el nombre de tu hijo Jesús. *Amén, amén.*

33. «**Mis enemigos huyen delante de ti, caen y mueren. Tú eres juez justo: te has sentado en tu trono para hacerme justicia**» (Salmo 9:3-4, DHH)

Padre amado, yo reconozco que tú eres mi Padre, pero también sé que tú eres quien juzga, tú eres juez justo, así que vengo delante de ti para pedirte que defiendas mi vida y defiendas mi causa, hazme justicia de todos mis enemigos, mira sus corazones, mira sus planes y lo que desean contra mí y dales la recompensa de sus deseos.

Te busco como mi Padre y te busco como mi juez, te entrego mi caso en tus manos y te confío mi vida, solo tú que conoces todo gobiernas con justicia.

Señor amado, haz que huyan avergonzados quienes me persiguen, quienes me atacan, quienes me difaman, quienes lanzan palabras de odio y quienes con brujerías buscan mi mal. ¡Señor, que huyan! Lanza tu voz sobre ellos y hazlos caer, te lo pido en el nombre de Jesucristo, tu hijo. *Amén.*

34. «**Todos los que te odian quedarán avergonzados y humillados; los que luchan contra ti quedarán completamente exterminados.**

Buscará a tus enemigos y no los encontrarás; los que te hacen la guerra serán como si no existieran. Porque yo, el Señor, tu Dios, te he tomado de la mano; yo te he dicho: «No tengas miedo, yo te ayudo» (Isaías 41:11-13, DHH)

Mi Dios amado, hoy hablo tu palabra porque mientras yo declaro lo que has establecido sé que mis enemigos comienzan a ponerse en retirada.

Has prometido avergonzar a mis enemigos, por tanto, pido que todo ataque y adversario sea derribado ahora mismo, ellos junto con sus fuerzas y sus planes. Padre, humilla a quienes se oponen a mí, avergüenza su poder porque si no viene de ti entonces es un poder ilegal.

Mi Dios amado, hoy me paro en ti, y no seré yo quien huya, tomo la autoridad que me has dado como tu hijo (a), en el nombre de Jesús de Nazaret, y ordeno que ningún mal, ninguna flecha, ningún ataque y ninguna oposición prevalezca contra mí, voy detrás del enemigo y te digo: ¡Huye!

Me tomo de tu diestra y establezco victoria y paz en mi campamento, tu mano derecha no me suelta y digo que soy más que vencedor (a), tu palabra dice que mis enemigos son exterminados y desaparecen en el nombre de Jesús, tu hijo amado. *Amén.*

35. «El agua cubrió a sus rivales y ni uno de ellos quedó con vida» (Salmo 106:11, DHH)

En el nombre que es sobre todo nombre, el nombre ante el cual toda rodilla se dobla: Jesús de Nazaret, oro que todo ataque que ha venido a mi vida sea tragado por el mar, todo ataque a mi mente, ataque a mis emociones, ataque a mi espíritu, ataque a mi casa, todo ataque nocturno mientras descanso, oro que sean devorados por el mar, así como el agua cubrió al ejército Egipcio que venía detrás de la nación de Israel establezco que suceda con mis enemigos y con toda oposición que vino a perseguirme.

Padre, que el mar se abra y comience a devorar a mis enemigos, todo nivel de ataque, conocido o desconocido, todo ejército, todo capitán, caballos, jinetes y armas, todos sean devorados por las aguas, ¡ahora! En el nombre de Jesús. *Amén.*

36. «Mi Dios envió a su ángel, el cual cerró la boca de los leones para que no me hicieran daño» (Daniel 6:22, DHH)

Mi Dios amado, cierra toda boca de león que fue asignada para devorarme, así como lo hiciste con Daniel, hazlo conmigo. Padre, que todo león que ha querido atrapar mi vida cierre la boca ahora mismo. Líbrame, Padre, de todo lo que quiera devorarme, lo que vino devorar mi vida, mi salud, mi casa, mi matrimonio, mis hijos, mi destino, mi propósito, y aún mis finanzas, oro que, en el nombre de Jesús de Nazaret, se cierren todas las bocas que venían a tragarme.

Padre, gracias porque ¡tú me libras del devorador! Y hoy establezco esa libertad, liberación y preservación sobre mí y sobre todo aquello que tiene que ver conmigo. Declaro que como estuviste con Daniel, para librarlo de sus enemigos y sus planes, igualmente estás conmigo, por cuanto tú eres el mismo de ayer, de hoy y de siempre.

Me protejo en ti y en el poder de tu palabra porque escrito está que es viva y es eficaz. Te doy gracias por el fruto de la oración porque seguramente mis ojos verán la victoria y libertad que estás trayendo a mi vida, en el nombre de Jesús, tu hijo. *Amén.*

37. «El que cava una fosa en ella cae, al que hace rodar una roca, la roca lo aplasta» (Proverbios 26:27, DHH)

Mi Dios amado, aquí estoy delante de ti, sé que desde el momento en que te abrí mi corazón y te acepté como mi Señor y

Salvador tú tomaste el cargo total de mi vida y con ella de cada uno de mis pasos, mis caminos y mis tiempos.

Cada uno de mis días están escritos en tu mano y cada uno de mis pasos están guiados por ti, por tanto, oro que no resbalaré, no tropezaré y aún seré cuidado (a) por el Espíritu de Dios para no caer. Te pido, Padre Celestial, que libres mi camino natural y espiritual de toda trampa y hoyo para que no deslicen mis pies, limpia todo obstáculo y red que hayan interpuesto en mi camino.

Establezco en el nombre de Jesús de Nazaret que no caeré en las trampas de mis enemigos y proclamo lo que dice tu palabra, Dios amado, que los mismos que pusieron la trampa y cavaron la fosa para que yo cayera en ella son los mismos que en ella caen. ¡Que caigan en sus propios planes!

Oro que toda piedra que han hecho rodar sobre mí por el poder de la palabra de Dios comienza a volverse sobre ellos y los aplasta, lo oro en el nombre de Jesús, el Hijo de Dios. *Amén.*

38. «Me has preparado un banquete ante los ojos de mis enemigos» (Salmo 23:5, DHH)

Padre amado, te doy gracias por el poder de tu palabra, mientras yo abro mis labios para confesarla, ella se mueve a cumplir lo que has ordenado. Hoy oro que tú preparas mi mesa delante de todos aquellos que se levantaron en mi contra, creo en ti, que tú me das la victoria y confío en el poder de tu palabra.

Has prometido ponerme en el lugar de honor y avergonzar a mis enemigos. Avergüenza, Padre amado, a mis angustiadores, avergüenza a los que se paran a hacerme la guerra y a aquellos que planean mi caída. Señor, no permitas que sea la burla del enemigo, tus hijos jamás quedan avergonzados, permite, mi Dios amado, que mis ojos vean su merecido, déjame ver cómo la vergüenza que querían para mí es la vergüenza que cae sobre ellos, yo mientras tanto, esperaré en ti, y te agradezco de antemano porque estás colocando la plataforma que me engrandecerá. Hoy declaro tus promesas y digo confiadamente que tú me preparas mesa ante los ojos de mis enemigos y mi copa está rebosando en el poderoso nombre de Jesús. *Amén.*

39. **«Dios me ayuda, el Señor me mantiene con vida. El Señor hará que la maldad de mis enemigos se vuelva contra ellos mismos. ¡Destrúyelos, Señor, pues tú eres fiel! Yo te ofreceré sacrificios voluntarios y alabaré tu nombre porque me has librado de todas mis angustias y he visto vencidos a mis enemigos» (Salmo 54:4-7, DHH)**

Amado Dios, yo creo que tú eres el Dios y dueño de mi vida, mi respirar depende de ti, sé que aún mientras yo estaba en el vientre de mi madre tú ya me habías visto, desde que nací y hasta el último día sobre esta Tierra, tú eres mi Dios, el que me guarda y me protege.

Mi vida entera depende de ti y de lo que has dicho en tu palabra, por lo tanto, me paro confiadamente sabiendo que no importa la maldad que se haya engendrado contra mí, tú harás que esa maldad se regrese al lugar de donde salió, Padre, revierte planes y maldiciones, no escuches a Balaam, no escuches a los brujos, a los adivinos, a los mentirosos, regrésales lo que me envían en el nombre de Jesús de Nazaret.

Oro tú fidelidad, Señor, tú eres fiel a tu a palabra, fiel a quienes te buscan, acuérdate de mí y permite que se cumpla lo establecido cuando dijiste: «He visto vencidos a mis enemigos». *Amén.*

40. «Jesús bebió el vino agrio y dijo: Todo está cumplido» (Juan 19:30, DHH)

Padre, todo está cumplido, la victoria está completa, cuando Jesús, tu hijo, fue a morir a la cruz y resucitó al tercer día obtuvo una victoria total y completa, venció a los principados, a las potestades, a los gobernadores, a toda hueste de maldad triunfando sobre ellos en la cruz, no existe poder ni fuerza que pueda derribar lo que ya Jesucristo de Nazaret logró en la cruz.

Hoy me paro y le recuerdo al mundo espiritual que ya Jesús venció, me tomo de esa victoria y desde ese punto digo que no hay fuerza, poder ni autoridad que pueda destruirme, no existe enemigo que pueda vencerme ni situación que pueda matarme, yo soy por quien Jesús murió y pago un precio alto; por tanto, derribo la enfermedad, derribo los ataques mentales, derribo la hechicería, derribo todo pacto satánico, derribo todo demonio, derribo todo plan enemigo, derribo toda maldición y declaro que todo está cumplido, todo está pagado a precio de sangre y esa sangre es la sangre mayor, esa sangre habla por mí.

Me apropio del poder de la resurrección y le digo a mi cuerpo: ¡Resucita!

Le hablo a mi alma y le ordeno: «¡Resucita!» Le digo a mi espíritu: «¡Resucita!» Le digo a mi mente: «¡Resucita!» Le hablo a mi vida, a mis promesas, a mis negocios, a mis relaciones, a mi casa entera y les digo: «¡Resuciten! En el nombre que es sobre todo nombre Jesucristo de Nazaret». *Amén.*

41. **Por eso, yo, el Señor, digo: Yo me declaro enemigo de esas vendas mágicas que ustedes hacen, con las que atrapan a la gente como a pájaros. Yo libraré del poder de ustedes a esas personas, y las dejaré volar libremente; libraré a mi pueblo del poder de ustedes y de los velos que le han puesto, y no lo volverán a atrapar. Entonces reconocerán ustedes que yo soy el Señor (Ezequiel 13:20-21, DHH)**

Padre, hoy te pido que liberes tu poder sobre mi cuerpo, sobre mi alma y sobre mi espíritu, libérame de todo lo que vino a atarme, paralizarme, detenerme o atemorizarme, libérame, Padre, de todo aquello que mis ojos naturales no ven pero que se encuentre operando de manera oculta y oscura, quita de mi alma y de mi mente todo bloqueo y todo yugo, Padre, haz que se caigan los lazos, las vendas y las cadenas que me impedían avanzar.

Desata el fuego del Espíritu Santo sobre mí para que ahora mismo consuma toda brujería, todo lazo, todo vudú, todo trabajo satánico, toda fortaleza en mis pensamientos. Te pido, Espíritu, que quemes lo más profundo y lo más oculto de mi ser para que no quede nada, quema fuego de Dios, consume fuego de Dios, envuélveme con tu fuego Espíritu de Dios, rodéame en cuerpo, alma y espíritu y no detengas tu fuego hasta que toda magia, lazo y maldición sea deshecha, te lo pido en el poderoso nombre de Jesucristo de Nazaret. *Amén.*

42. **«Pero el Señor, su Dios, no escuchó a Balaam, sino que convirtió su maldición en una bendición para ustedes, porque los ama» (Deuteronomio 23:5, DHH)**

Gracias Padre amado porque no has escuchado la voz del enemigo que me acusaba y maldecía, gracias porque a causa de tu amor por mí has convertido la maldición en bendición, gracias porque no permitiste ni permitirás que ninguna palabra que salga de labios llenos de odio, envidia, celos, rencor, llegue en forma de maldición, sino que por tu amor hacia mí la transformas en bendición, hoy creo que tu palabra me sana, me limpia, me restaura y me libera.

A causa de tu amor me alegro, me alegro en ti, me alegro en tus promesas, porque nada ni nadie puede maldecir lo que tú ya has bendecido, creo que tu bendición sobre mi vida es mayor que toda maldición, creo y establezco que tu bendición causa protección en mí y esa protección me rodea en todo tiempo y en todo lugar.

Recibo la bendición que tienes para mí en este día y oro que soy bendito (a), bendito (a) en mi entrada y en mi salida, bendito (a) en todos mis caminos, bendito (a) el fruto de mi vientre, bendito (a) mi cesta y el lugar donde amaso la harina, bendito (a) en todo lo que haga, bendito (a) ahora y para siempre en el nombre de Jesús, tu hijo. *Amén.*

43. «Sobre el hombre bueno llueven bendiciones, pero al malvado lo ahoga la violencia» (Proverbios 10:6, DHH)

Mi Dios amado, gracias porque tu voluntad para aquellos que te tienen reverencia es buena, es agradable y es perfecta, no existe plan de mal para los que te amamos, has prometido tus bendiciones sobre mí y yo lo creo, creo en ti y creo en lo que has prometido, mi oración es para darte gracias porque, aunque quizá por ahora estoy atravesado este proceso, de antemano tú ya tenías un destino marcado para mi vida y ese destino es de bendición. Por tanto, me aferro a lo que has dicho y camino en fe hacia ese destino bueno, agradable y perfecto. Soy bendito (a) en todos mis caminos y pido que ahora mismo esa bendición se manifieste en el nombre de Jesús.

Confieso mi Dios amado que no seré ahogado (a) por el mal ni por la violencia, por cuanto no he seguido el camino de los malos ni he seguido el camino de los pecadores, lo oro en el nombre de Jesús. *Amén.*

44. «El Señor maldice la casa del malvado, pero bendice el hogar del hombre justo» (Proverbios 3:33, DHH)

Padre celestial, yo reconozco tu existencia y tu grandeza, te doy gracias porque, a través de pasar tiempo contigo y a través de leer lo que estableciste en tu palabra, puedo conocerte más y conocer lo que tú deseas para mí.

Hoy estoy aquí porque necesito de ti y de tu poder real en mi vida, y a través de mi oración confío en que veré tu mano moverse a mi favor. De ti procede mi bendición, de ti proceden la paz, la fortaleza, la seguridad, la protección, la restauración, la restitución y el amor que necesito. ¡Padre, mi casa es bienaventurada a causa de ti!

Así mismo sé que no sucede lo mismo con el malvado porque tú no estás del lado del que planea lo malo, tú no te encuentras del lado de quienes me oprimen, tú no estás del lado de mis enemigos, has prometido que tú maldecirás la casa del malvado, por tanto, Señor, cumple tus promesas y permite que el mal que enviaron contra mí caiga sobre aquel o aquella que lo lanzó, en el poderoso nombre de tu hijo Jesús. *Amén.*

45. «Los malvados caen y ese es su fin, pero la casa de los justos queda en pie» (Proverbios 12:7, DHH)

Oro en el nombre de Jesús, el Hijo de Dios, aquel que venció en una cruz y resucitó de entre los muertos, que ¡no caeré! No moriré antes de tiempo, no moriré de manera desastrosa, no moriré sin ver las promesas de Dios para mi vida, no caeré ante ninguna enfermedad, no caeré en accidentes, no caeré en ataques de pánico, no caeré en la destrucción, ningún ataque puede prosperar en mi contra, absolutamente nada, porque así está escrito: «Ninguna arma forjada contra mí prosperará».

Hoy me levanto en el poder de la resurrección de Jesucristo, me levanto de la muerte, me levanto de la depresión, me levanto de la victimización, me levanto del temor, me levanto de todo ataque y confieso que ningún viento destruirá mi casa. Me mantengo en pie por cuanto estoy sostenido (a) en la roca que es Jesucristo.

Hoy confieso, Padre, que este es el día donde veré a los malvados caer en su propia maldad porque ciertamente existe un principio que expresa: cual es la siembra es la cosecha. Hoy creo que todo enemigo poderoso está cayendo bajo su maldad y juntamente con Él se caen sus planes y su casa, lo establezco para que así suceda en el nombre que es en los cielos, en la Tierra y debajo de la tierra. *Amén.*

46. «El Señor protege a los que hacen bien, pero destruye a los que hacen mal» (Proverbios 10: 29, DHH)

Padre, tu palabra afirma que tu protección está sobre mí, cúbreme, Señor, rodéame con tu poder, solo tú conoces mis batallas y observas todo aquello que ha venido contra mí, sin embargo, mayor es tu fuerza, tú, que estás conmigo, que aquel que está en mi contra.

Ahora mismo me escondo en el hueco de tu mano y ahí permanezco, no existe mal, plaga, ataque o ejército que pueda penetrar ahí. Cúbreme con tus alas, guárdame de día y de noche, guárdame cuando descanso, guárdame cuando mi cuerpo se encuentra en reposo, guárdame cuando camino, guárdame siempre.

Tu protección es como un escudo a mi alrededor que el enemigo verá y huirá.

Padre, no permitas que los malvados prosperen, no dejes que sus planes avancen, derríbales una y otra vez sus actos inicuos como lo has prometido en el poderoso nombre de tu hijo, Jesús. *Amén.*

47. **«El nombre del Señor es una torre poderosa a la que acuden los justos en busca de protección» (Proverbios 18:10, DHH).**

Mi Dios amado, hoy corro a tu nombre y te digo: «¡Señor, levántame!» Corro al nombre de tu hijo y le digo: «¡Jesús, levántame! Escúchame cuando te llamo». Corro a tu nombre, Padre, y ahí permanezco, porque en ti hay salvación y protección.

Levántame, Padre, no permitas que mi vida se apague, no permitas que mis pies resbalen o que caiga a causa de la debilidad humana. Fortaléceme, Padre, fortalece mi mente, fortalece mi voluntad, fortalece mi alma y en tu nombre ¡levántame! Así como lo hiciste con la hija de Jairo, que se encontraba muerta, pero tú la tomaste de la mano y le dijiste: «Talita, Cumi»; y aquella niña volvió a la vida. Hoy me convierto en tu voz y por el poder de tu nombre ¡me levanto!

Torre fuerte es el nombre del Señor, a él correrá el justo y será levantado, hoy oro que soy levantado (a) y establezco el poder de tu nombre sobre mí. *Amén.*

48. «El que confía en el Señor estará protegido» (Proverbios 29:25, DHH)

Padre, en esta hora yo declaro que mi confianza está puesta en ti, reconozco que fuera de ti no existe lugar más seguro, sé que mientras permanezca en ti nada ni nadie puede hacerme frente, porque aquellos que ponen en ti su confianza no quedan avergonzados, hoy, mi Dios amado, me protejo en ti, sé que tú despliegas tu poder en lo natural y en lo espiritual para cuidar de mí, por tanto, te doy gracias, gracias porque no hay flecha, plan o persona que pueda dañarme.

Me protejo en ti y en tu nombre, protejo mi casa y mis caminos en tu nombre, establezco esa protección durante todos y cada uno de los días de mi vida y oro, Padre celestial, que tu protección se extienda por donde quiera que vaya, sobre mis generaciones por venir, por cuanto yo he confiado en tu poderoso nombre. *Amén.*

49. «Aunque quieran hacerte daño y hagan planes contra ti; no se saldrán con la suya, pues tú los pondrás en fuga; con tu arco apuntarás contra ellos» (Salmo 21:11-13, DHH)

Señor amado, hoy me alegro en tus promesas porque sé que son herencias que no solo están escritas, sino que son la realidad de tu fidelidad para aquellos que confían en ti. Me alegro, Señor amado, porque tú eres quien da la victoria en la batalla, me alegro en ti y en tus promesas y creo lo que has dicho, creo que ningún mal estará por encima de mí, confieso que es en este momento que comienzas a poner en fuga al adversario. Padre amado, extiende tu arco y apunta contra el enemigo, ¡derríbalo, Señor!

Yo me alegro en ti, Señor, y espero ver la destrucción y la vergüenza del enemigo, porque confío plenamente en lo que has dicho y en el poder de tu palabra mientras yo la oro.

Gracias, Padre, porque también has dicho que lo que tú le das a tus siervos es la victoria y hoy por la fe yo recibo esa victoria en el nombre de Jesús de Nazaret. *Amén.*

50. **«Unos cuentan con sus caballos, pero nosotros contamos con el Señor, nuestro Dios.**
A ellos se les doblan las rodillas y caen, pero nosotros seguíos firmes y en pie» (Salmo 20:7-8, DHH)

Hoy me levanto y hablo a la atmósfera: Yo cuento con el Dios de Israel, el Señor está de mi lado.

Desato tu palabra, Señor, como esa espada que es más cortante que una espada de doble filo. Me cubro bajo tu nombre y digo: que caiga la enfermedad, que caiga la maldición, que caiga la muerte, que caiga la opresión, que caiga la pobreza, que caiga la destrucción, que caiga la esclavitud ¡ahora!, en el nombre del Dios Todopoderoso.

Dóblale la rodilla al enemigo, Padre, haz que caiga él junto con sus secuaces, desbarata sus fortalezas y avergüénzalo. Mientras tanto, yo hablaré de tu poder, reconoceré tu grandeza y proclamaré tu palabra, confío en que tú estás obrando a mi favor, como lo has prometido; y mientras el enemigo comienza a caer, yo permanezco firme y de pie en el poderoso nombre de tu hijo Jesús. *Amén.*

51. «Que el Señor te escuche cuando estés angustiado; que el Dios mismo de Jacob te defienda. Que te envíe auxilio y ayuda desde el Santuario de Sion» (Salmo 20:1-3, DHH)

Padre celestial, escúchame cuando te llamo, atiende mis oraciones cuando te busco, envía tu respuesta a mis peticiones.

Te pido que quites de mí toda angustia, penetra en lo profundo de mi alma ahora mismo y arranca la inquietud y el temor. Has prometido en tu palabra defenderme, por eso me encuentro ante ti, recordándote lo que has dicho. Hoy oro tu defensa a mi favor, levántate y defiéndeme de lo que se ha levantado en mi contra. Padre amado, defiéndeme como lo haces con tus hijos, defiéndeme como lo haces con tus escogidos y envíame desde el cielo tu auxilio.

Tú eres mi defensor y mi guardador, espero en ti sabiendo que siempre me escuchas cuando te llamo. Padre, haz que todo lo que por mucho tiempo me angustió y me oprimió se convierta ahora en alegría, tú eres el Dios que cambia el lamento en baile, coloca en mí un manto de alegría y haz que toda situación agobiante y toda angustia se convierta en danza.

Padre, yo creo que de mi mayor dolor tú sacarás mi mayor gozo, porque nada de lo que he vivido causará que viva en lamento, tú convertirás en victoria mi batalla, en el poderoso nombre de Jesús de Nazaret. *Amén.*

52. «Porque eres fiel, ¡destruye a mis enemigos! ¡Destruye a todos mis enemigos, pues yo soy tu siervo!» (Salmo 143:12, DHH)

Señor amado, tú eres un Dios justo, no existe nada que tú no puedas hacer. Ciertamente eres bueno y tus ojos están pendientes a la marcha de la vida, no hay nada oculto para tus ojos, Padre, por eso hoy oro que mires todo lo que se planeó para mi mal y lo destruyas.

Destruye al ejército que se levantó contra mí, destrúyelos, porque soy tu siervo (a), y has dicho que lo que tú das a quienes te sirven es la victoria.

Todo opositor de cualquier nivel, rango y estatura, todo ejército y todo espíritu de Amán, que planeaba mi vergüenza y mi muerte, hoy queda destruido.

Que la misma horca que colocaron para colgarme sea la misma horca donde quedan colgados quienes me repudian, me persiguen y me odian.

Hoy cuelgo la depresión, hoy cuelgo el llanto, hoy cuelgo la esclavitud, hoy cuelgo el abandono, hoy cuelgo la destrucción, hoy cuelgo la muerte y hoy cuelgo al Espíritu de Amán que me perseguía para matarme en el nombre que es sobre todo nombre Jesucristo de Nazaret. *Amén.*

53. «El futuro de los malos será su destrucción» (Salmo 37:38, DHH)

Padre, yo creo en lo que tu palabra establece, ella tiene el poder de correr y cumplir lo que tú le has ordenado.

Has prometido que el futuro para los malos termina en destrucción, pero a los buenos los dejarás como herederos sobre la Tierra. En la batalla solo un ejército gana y el otro pierde. Hoy, por el poder de tu palabra, te pido que destruyas al campamento contrario y que pongas en mis manos la victoria como lo hacías con David, a quien por donde quiera que él fuera tú lo hacías vencer.

Hoy oro en el nombre de Jesús que por donde quiera que voy, tú me entregas la victoria. No hay destrucción que pueda llegar a mí porque la palabra de Dios me sostiene, me guarda y me hace vencer sobre todo. *Amén.*

54. «Siempre tengo presente al Señor, con Él a mi derecha nada me hará caer» (Salmo 16:8, DHH)

En este día me levanto y proclamo que por cuanto he buscado al Señor y lo he colocado primero en mi vida nada me hace caer. Hoy me levanto junto con Él y declaro que su mano derecha me sostiene, le ordeno a mi cuerpo que en el nombre del Dios vivo se levante, le hablo a mi alma y le ordeno en el nombre de Dios Todopoderoso que se levante, le hablo a mi espíritu y le ordeno, ¡que se levante!

Hoy me tomo de la diestra de mi Dios y ahí me sostengo, me sostengo en su poder, me sostengo en su nombre, me sostengo en su palabra, me sostengo en su fuerza, sostengo mi presente y mi futuro en Él.

Con él a mi derecha nada me hará caer, no caeré ante la crisis, no caeré ante el ataque, no caeré ante el enemigo, no caeré ante la enfermedad, oro y establezco que no caeré en el nombre de Jesús. *Amén.*

55. «¡Levántate, Señor! ¡Sálvame, Dios mío! Tú golpearas en la cara a mis enemigos, ¡les romperás los dientes a los malvados!» (Salmo 3:7, DHH)

Señor amado, levántate, no te quedes ausente mientras el enemigo viene en contra, invoco tu nombre, invoco tu poder sobre mí ¡Levántate! ¡Defiéndeme! ¡Hazle frente al enemigo y destrúyelo! Golpéalo en la cara y rómpele los dientes.

Deja que huya avergonzado, levántate y sálvame cuando me encuentre angustiado (a), levántate y defiéndeme cuando sienta que la fuerza se me ha ido, levántate y defiéndeme cuando sienta que no puedo más, golpea al enemigo y haz que ninguna flecha de las que me envíe prospere.

Invoco el nombre del Dios Altísimo y su poder en mí. Espíritu de Dios, rodéame, envuélveme en el poder de tu fuerza, te lo pido en el nombre de Jesús. *Amén.*

56. «Pero su redentor es fuerte y se llama el Señor Todopoderoso. Él se encargará de hacerles justicia» (Jeremías 50:34, DHH).

Tú eres fuerte, tú eres fuerte Dios, tú no te cansas, tú no pierdes batallas, tú eres el Dios de los ejércitos, tú nombre es el Todopoderoso. Hoy oro tu fuerza en mi vida, tu fuerza a mi favor, tu fuerza en mis situaciones de vida, tu fuerza en mi corazón, tú eres fuerte Dios, el Dios de mi vida es fuerte, inagotable, incansable, infinito.

Dios amado, hoy oro que esa fuerza venga sobre las áreas de mi vida que parecen imposibles y difíciles, oro tu fuerza, tu poder, tu fortaleza, tu nombre sobre toda montaña y gigante. Oro tu fuerza venciendo sobre todo en el nombre de Jesús.

Dios amado, tú vives, tu poder no está detenido, tu poder se encuentra moviéndose ahora mismo sobre la Tierra, fluye en mí, fluye en mi vida y por el poder de tu fuerza fortaléceme, renuévame como las águilas y hazme vencer todo lo que sea contrario a tu voluntad, te lo pido en el nombre de Jesús. *Amén.*

57. «El Señor es un gran guerrero. ¡El Señor, ese es su nombre! El Señor hundió en el mar los carros y el ejército del faraón, sus mejores oficiales se ahogaron en el mar Rojo» (Éxodo 15:3-4, DHH)

Padre, te doy gracias porque ahora sé que no eres un dios común, sino que tú eres varón de guerra, gracias porque puedo acudir a ti cuando necesite ayuda en las batallas de la vida. El rey David, antes de entrar en batalla, consultaba contigo y siempre le otorgabas victoria, sin importar quién fuera el enemigo.

Así como lo hizo David, hoy lo hago yo, vengo a consultarte y a pedirte, como este rey lo hacía, que pongas a mis enemigos en mis manos. Tú sabes, Señor, a todo lo que tengo que enfrentarme, tú ves, Señor, el tamaño de batalla que estoy lidiando, pero no importa el tamaño ni el enemigo si eres tú quien me hace ganar.

Hoy te pido, Padre, que al frente de mí marches tú, ve a la guerra conmigo, Señor, y hazme vivir. Así como libraste a tus escogidos de manos de los egipcios, oro que me libres de todo faraón, haz que el mar se los devore y que nunca más se vuelvan a levantar en mi contra, te lo pido en el nombre poderoso de tu hijo Jesús. *Amén.*

58. «Destruiré el poder de los reinos del mundo y echaré abajo sus tronos, volcaré los carros de guerra y a los que montan en ellos y morirán los caballos y sus jinetes» (Hageo 2:22, DHH)

Padre celestial, has prometido que toda fuerza y poder será echado abajo, no existe otra autoridad legal que no sea la tuya, tu poder está sobre todo, tu fuerza es sobre toda fuerza, nadie puede vencerte mi Dios porque tu gobierno, tu trono y tu poder están por encima de cualquier otro.

Destruye pues todo poder contrario al tuyo, toda fuerza oscura que esté operando contra mí, ¡échala abajo, Señor! Vuelca sus carros de guerra, sus jinetes, sus caballos, su armamento y todo su ejército, echa abajo todo poder infernal, en el nombre de Jesús de Nazaret.

Padre, hoy entorno y establezco el poderío de Jesucristo en mí, establezco su nombre y su sangre, declaro la sangre de Jesús cubriéndome y blindándome ahora y siempre. *Amén.*

59. «Esto afirma el Señor: En aquel día mataré tus caballos y destruiré los carros de guerra; convertiré en ruinas tus ciudades y derribaré todas tus fortalezas, acabaré con tus hechicerías y te dejaré sin adivinos» (Miqueas 5:10, DHH)

Señor, acaba con todo hombre o mujer fuerte que vino a atar mi vida. Señor, termina de una vez por todas con toda fuerza infernal, desbarata planes de maldición y ataques. Señor, no permitas que el mal triunfe sobre el bien, comienza a arruinar sus fortalezas, todo aquello de donde se alimentaba la inmundicia destrúyelo. Señor, derriba sus hechicerías, ¡que nunca sucedan! ¡que nunca se lleven a cabo!

Establezco en los cielos y en la Tierra que todo ejército babilonio, todo brujo, hechicero y adivino sea juzgado por Dios, declaro que todo trabajo, oración, sacrificio, pacto y velo que se haya creado para mi mal, en este momento sea destruido por el poder de la sangre de Jesucristo.

Declaro abortiva toda hechicería y brujería, para que nunca acontezcan. Ahora mismo le devuelvo la maldición a quien me la envió y todo decreto satánico se regresa al lugar de donde salió, lo establezco en el nombre y por la sangre de Jesucristo de Nazaret. *Amén.*

60. «Porque el Señor dice: Yo te daré la fuerza de un toro de cuernos de hierro y pezuñas de bronce, para que destroces a muchos pueblos» (Miqueas 4:13, DHH)

Señor amado, úngeme con un aceite que traiga fuerza de toro a mi vida, remueve toda debilidad en mi cuerpo y en mi voluntad que me impide orar hasta ver mi victoria.

Hoy decido persistir en la batalla porque tú me has dicho que destrozaré muchos pueblos. Todo adversario ha sido puesto bajo la planta de mis pies.

Persisto, Señor, resisto al enemigo porque tú has dicho que resista al enemigo y él huirá de mí, persisto porque confío que ahora mismo la situación está cambiando, el enemigo está siendo derrotado y ¡tiene que huir!

Declaro destrozos en el campamento contrario, destrozos en su morada y destrozos en sus planes, ¡que sea avergonzado en el nombre de Jesús! *Amén.*

61. «El Señor dice: Yo te voy a hacer justicia, me voy a vengar de tus enemigos» (Jeremías 51:36, DHH)

Mi Dios amado, tú ves la situación que estoy atravesando, conoces la historia y ves todo lo que he tenido que pasar, tú conoces el dolor que me ha causado todo esto y tú ves el daño que ha traído a mi vida. Señor, en ti ninguna historia termina mal, hoy te pido que me hagas justicia, tu nombre es «Tsidkenu: El Señor es mi justicia». Por eso hoy me presento delante de ti, para orar que seas tú quien haga lo justo y quien pelee a mi favor.

Señor amado, líbrame de dolores, líbrame de sufrir y líbrame de ser avergonzado (a), por amor a tu nombre haz justicia.

Oro para que estos ruegos penetren en los cielos y en poco tiempo tú envíes la ayuda y la respuesta oportuna.

Te doy gracias, Padre, porque puedo acercarme ante el trono de tu presencia y encontrar socorro en el poderoso nombre de Jesús.

62. «El Señor me llevará a la luz, me hará ver su victoria. También la verá mi enemiga y eso la cubrirá de vergüen-

za. Ella me decía: ¿Dónde está el Señor, tu Dios? Pero ahora tendré el gusto de verla pisoteada como el barro de las calles» (Miqueas 7:9-10, DHH)

Padre, yo confío en que no quedaré defraudado (a) hay quienes han depositado su confianza en otros lugares, por mi parte, he colocado mi confianza en ti, el único Dios verdadero.

La gente se pregunta dónde está mi Dios, y hoy te pido que muestres tu poder en mi vida para que mis enemigos conozcan que tú existes y estás conmigo. Padre, bendíceme de veras, que aquellos que hacían burla de mí y esa voz que venía para cuestionarme: ¿dónde está tu Dios?, sean enmudecidas ahora mismo por tu poder.

Solamente tú tienes palabras de vida, solamente tú tienes la victoria, haz que mis enemigos queden avergonzados con todo lo que hicieron contra mí y que sus ojos vean cómo es que tú honras a los que te honran. Te doy gracias, Padre, por tu amor y tu respaldo, en el nombre de Jesús. *Amén.*

63. «Pero el Señor, su Dios, no escuchó a Balaam, sino que convirtió su maldición en una bendición para ustedes porque los ama» (Deuteronomio 23:5, DHH)

Hoy recibo tu bendición, Señor, nadie tiene autorización legal para maldecir lo que tú has bendecido, por tanto, oro que toda palabra que no salió de tu boca no tiene influencia en mi vida, establezco la bendición del Dios Todopoderoso, esa bendición que trae protección, alegría y paz, y ahora mismo arranco de raíz toda maldición de mí y de mis generaciones, en el nombre de Jesucristo de Nazaret.

Oro, Señor amado, que tú conviertes toda maldición en bendición, y en este momento confieso lo que dijiste a Adán y a Eva y a sus descendientes: «Y los bendijo Dios» (Deuteronomio 23:5); así mismo activo el pacto que hiciste con Abraham: «Bendeciré a los que te bendigan y maldeciré a los que te maldigan».

Hoy me declaro bendito (a) y declaro que son benditos aquellos que me bendicen, declaro, Señor, que este es el día en que todo lo que había estado operando en mi contra comienza a operar a mi favor, en el nombre de Jesucristo. *Amén.*

64. **«Contra Jacob no valen maleficios, contra Israel no sirven las brujerías. ¡Cuántas maravillas ha hecho Dios contigo! Este pueblo se levanta amenazante como un león y no descansará hasta devorar su presa y beber la sangre de sus víctimas» (Números 23: 23-24, DHH)**

Mi Dios amado, te doy gracias por tu palabra, gracias porque no existe brujería ni maleficio que valga contra mí, gracias porque mientras confieso tu palabra tú comienzas a hacer viva y real tu promesa, oro que no valen los maleficios, no valen los hechizos, no valen las brujerías, quedan sin efecto ahora mismo.

Oro el poder de la sangre de Jesús en mí y digo que su sangre me blinda y me cubre, desató el poder de su sangre a mi alrededor y en todos mis caminos, y en este momento establezco la sangre del Hijo de Dios como un pacto vigente en mi vida.

No hay mayor pacto ni mayor sacrificio, no hay animal ni humano que iguale el poder del sacrificio que realizó Jesucristo en la cruz del Calvario, esa sangre que derramó ya pagó el precio por mí y me libra ahora y siempre de todo mal. *Amén.*

65. «No tengas miedo, pues yo estoy contigo, no temas, pues yo soy tu Dios. Yo te doy fuerzas, yo te ayudo, yo te sostengo con mi mano victoriosa» (Isaías 41:10, DHH)

Me abrigo en ti, Padre, confieso que no estoy solo (a), confieso que todos los días de mi vida estás y estarás conmigo, en cada día, en cada mes, en cada año y hasta el último respiro, tú estarás presente, aun cuando me encuentre más allá, has prometido que no me dejarás.

Tú estás conmigo, tu presencia me acompaña en todo momento y en todo lugar, me tomo de ti y me reconfortó en tu fuerza, coloco mis pies sobre la roca y oro que ahí me mantengo sostenido (a) de tu mano derecha.

Hoy renuncio a todo pensamiento de vacío y de soledad y ordeno que salga de mi alma y de mi corazón en el nombre de Jesús, fuera vacío, fuera temor, fuera soledad (exhalar), lléname con tu Espíritu para que no quede vacío, lléname, Espíritu de Dios (inhalar).

Siempre me ayudarás, siempre me sustentarás. *Amén.*

66. «Porque las armas de nuestra milicia no son carnales, sino poderosas en Dios para la destrucción de fortalezas» (2 Corintios 10:4, RVR)

Oro que no peleo bajo ninguna arma creada por el humano, no peleo según mis fuerzas ni mi nombre, hoy tomo el arma de la palabra de Dios y el Espíritu del Dios vivo para vencer toda montaña y gigante.

A través de la espada y el Espíritu de Dios destruyo toda fortaleza que existía a mi alrededor, toda fortaleza que yo levante por culpa de mis fallas o de pecados ocultos, toda fortaleza que me fue heredada por mi lado paterno o materno y aun toda fortaleza que haya levantado el enemigo a través de maldiciones y personas, hoy establezco en el nombre de Jesucristo de Nazaret que son derribadas por la palabra y endorso el Espíritu de Dios que derribe todo muro fortificado desde mis generaciones hasta ahora.

Al sonido de mi voz declaro que ahora mismo ¡los muros caen! Y ¡todas las fortalezas son derribadas! En el nombre de Jesús. *Amén.*

67. **«Señor, no concedas al malvado sus deseos, no dejes que sus planes sigan adelante. Los que me rodean levantan la cabeza ¡que caiga sobre ellos la maldición que lanzan!**

Que caigan sobre ellos carbones encendidos; que los echen en pozos, de donde no salgan más.

Que no permanezca en la Tierra el deslenguado, que el malvado persiga al violento y lo destruya» (Salmo 140: 8-11, DHH)

Padre, hay justicia, hay vida, hay recompensa y hay honor para tus hijos, para los hombres y las mujeres que buscan su ayuda y su protección en ti, por tanto, mientras se ha levantado un ejército contra mí yo permanezco confiado (a), permanezco en calma sabiendo que tú eres Dios y que tú te encargas de darle a cada cual según sus obras.

Mi oración en esta hora es que tú hagas conforme a lo que determinaste en tu palabra, no permitas que el malvado triunfe y que sus planes avancen, no dejes que aquellos que usan su boca para mentir, para dañar, para deshacer, para lastimar, sigan avanzando. Haz justicia a los que te buscan, Padre, haz justicia a los que en ti buscan protección, regrésale sus palabras a los deslenguados y regrésale sus acciones a los violentos; por mi parte Señor, esperaré en ti, sabiendo que tú eres justo y eres mi defensor. *Amén.*

68. «Mira que te he puesto en este día sobre naciones y sobre reinos, para arrancar y para destruir, para arruinar y para derribar, para edificar y para plantar» (Jeremías 1:10, RVR)

En el nombre de Jesucristo de Nazaret hoy oro conforme la palabra de Dios, tomo la autoridad que me corresponde como su hijo (a), y comienzo a arrancar la muerte y lo que opera detrás de ella, arranco la maldición de muerte prematura y muerte por accidentes, arranco la destrucción y arranco todo poder oculto, hoy destruyo todo obra de maldad y de perversión que entra a las puertas de mi alma y de mi mente, arranco la confusión, arranco la incredulidad, arranco el suicidio y arranco la pobreza, en esta hora arruino los planes de Satanás en mi contra y digo: ¡Que nunca sucedan! ¡Que nunca se lleven a cabo!

Arranco todo lo que mi Padre no plantó y todo lo que mi Padre no habló, cancelo, anulo y revoco el mover del enemigo y desato el río de fuego del Espíritu Santo. Muévete en mí Espíritu de Dios y planta en mi alma semillas de vida, semillas de paz, semillas de resurrección, semillas de bendición, semillas de incremento.

Sana mi tierra Padre y conviérteme en una tierra sana, limpia y fértil en el nombre de Jesús, tu hijo. *Amén.*

69. «Contigo destrozo naciones y destruyo reinos. Contigo destrozo caballos y jinetes, carros y cocheros» (Jeremías 51:20-21, DHH)

En el nombre de Jesús de Nazaret hoy hago viva esta palabra y con la autoridad del Hijo de Dios comienzo a destrozar toda fuerza contraria al poder de Dios, destrozo lo que se engendró en la obscuridad, destrozo todo acto de violencia y maldad contra mí, destrozo planes ocultos, destrozo consejeros reunidos para golpear mi vida, destrozo todo lo que sea oculto y no bendiga mi vida.

Oro que sus fuerzas, sus alianzas y sus planes sean destrozados, que sus caballos, sus jinetes, sus carros, sus cocheros, sus armas, sean todos destrozados e inoperantes desde ahora y para siempre, lo oro en el nombre que tiene autoridad en los cielos, en la Tierra y debajo de la tierra, Jesucristo de Nazaret.

Ahora libero el poder de su sangre a la atmósfera y sello mis oraciones. *Amén.*

70. «Que queden cubiertos de vergüenza los que se alegran de mi desgracia, que queden totalmente cubiertos de vergüenza los que se creen superiores a mí» (Salmo 35:26, DHH)

Ahora mismo es mi oración que sea la vergüenza, la paga y la recompensa de los que se burlan de mí, que la vergüenza los persiga por cuanto han actuado en mi contra.

Avergüénzalos, Padre, que sus planes para hacerme quedar en ridículo no prevalezcan, tú escuchas sus burlas, escuchas lo que hablan de mí, tú ves las injusticias y lo que traman a mis espaldas, por tanto, yo te pido, Padre, que su recompensa sea la vergüenza.

En cambio, a mí, confío que me pondrás a salvo, en un lugar seguro, fuera del alcance de todos, en el nombre de tu hijo amado, Jesús. *Amén.*

71. «Aunque no haya razón para temblar, ellos temblarán de miedo, porque Dios esparce los huesos del enemigo. Quedarán en ridículo porque Dios los rechaza» (Salmo 53:5, DHH)

Tu palabra tiene una acción salvadora, tu palabra tiene el poder de traspasar lugares, tu palabra no está limitada para operar, por eso yo uso mi boca para confesarla, hoy oro que Dios esparce los huesos del enemigo, Oro que Dios destruye al enemigo, oro su acción salvadora a mi favor.

En el nombre de Jesús oro que todo enemigo al escuchar mis oraciones comienza a huir lleno de terror, que tiemblen de miedo quienes buscan mi mal, que tiemblen de miedo quienes envían flechas a mi mente, que tiemblen de miedo quienes siembran cizaña en mi vida.

Padre, te pido en el nombre de Jesús que esparzas a todo enemigo, que lo destruyas y que caiga el ridículo en ellos para que conozcan que todavía no se ha cortado el brazo de Dios para salvar a sus hijos.

Hoy le digo al enemigo: Mi Dios te rechaza, ¡quedarás en ridículo! *Amén.*

72. «El Señor Altísimo hizo oír su voz de trueno desde el cielo; granizos y carbones encendidos

Lanzó sus rayos como flechas y a mis enemigos hizo huir en desorden» (Salmo 18:13-14, DHH)

Envía tu palabra como de trueno, Señor, levanta tu voz contra el adversario, satura mi vida de tu voz para que cuando el enemigo la escuche tenga que salir huyendo.

Envía tu palabra como de trueno, Señor, y haz que caigan los velos y las trampas, levanta tu voz contra los espíritus vigías que envían información, haz que al sonido de tu voz huyan despavoridos.

Envía tu palabra como de trueno, Señor, y rompe las ataduras que me ataban. Haz que las cárceles donde encerraron mi alma se abran ahora por el sonido de tu voz.

Envía tu palabra de trueno, Señor, y destruye toda oposición, haz que caigan sobre sus cabezas, carbones y fuego, derríbalos, Señor.

Envía tu palabra, Señor, y persigue al enemigo, lanza tus flechas y dispersarlos, te lo pido en el nombre de Jesús de Nazaret. *Amén.*

73. **«Levántate, Señor, ¡enfréntate con ellos! ¡Hazles doblar las rodillas! ¡Con tu espada ponme a salvo del malvado! ¡Con tu poder, Señor, líbrame de ellos!» (Salmo 17:13-14, DHH)**

Hoy confieso que tú eres el Dios de la guerra, el Dios de los escuadrones de Israel, tú eres el Dios de la victoria, tú nunca has perdido una batalla, tú eres y serás siempre Dios.

El cielo mismo no puede contener tu grandeza y tu poder; levántate, Señor, y enfréntate a los que se me oponen, levántate, Señor y pelea a mi favor.

Yo oro que tú eres mi bandera y mi estandarte, tú eres el Dios que pone a salvo mi cabeza en el combate.

Levántate, Señor, y destruye al enemigo, haz que caiga ante tu poder.

Tú sabes, Señor, que en una guerra solo un ejército gana, haz que mi ejército gane, entrégame la victoria en esta batalla, no permitas que sea vencido (a) levántate a mi favor y pelea contra mis oponentes, te lo pido en el nombre de Jesús de Nazaret. *Amén.*

74. **«Mis enemigos, muertos de miedo, quedarán en ridículo, ¡en un abrir y cerrar de ojos huirán avergonzados!» (Salmo 6:10, DHH)**

Hoy establezco que el destino para quienes quieren acabar conmigo es la vergüenza, confío en las promesas de Dios y confío en su poder, el mismo Dios que hizo que los enemigos de Israel quedaran avergonzados es el mismo Dios que avergüenza a mis atacantes.

Oro que este es el tiempo donde los lugares cambian, hoy son mis enemigos que caen bajo mis pies, hoy son ellos quienes quedan abajo, hoy son ellos los que se encuentran avergonzados.

Oro que mientras ellos menos lo esperan serán arruinados y su alegría se convertirá en amargura, por mi parte me alegraré en el Dios de mi salvación y en su victoria eterna, lo establezco en el poderoso nombre de Jesús. *Amén.*

75. «El Señor me pondrá en el primer lugar y no en el último, siempre estaré por encima de los demás y nunca por debajo» (Deuteronomio 28:13, DHH)

En el nombre de Jesucristo hoy establezco que mi Dios me saca de los lugares de olvido, que me saca de los lugares asignados hasta el final, me saca de cárceles de abandono, me saca de cárceles de esclavitud donde permanecí por mucho tiempo.

Hoy oro que no seré olvidado (a) ni abandonado (a) en las últimas posiciones donde el enemigo me colocó, hoy confieso que el Señor me pone en primer lugar y me saca a la luz.

Confieso que nunca estaré por debajo de mis enemigos, son ellos quienes a partir de ahora se encontrarán al final, hoy le recuerdo al enemigo que hace más de dos mil años Jesucristo lo puso bajo mis pies y ahí permanecerá. *Amén.*

76. «Así que, por cuanto los hijos participaron de carne y sangre, él también participó de lo mismo, para destruir por medio de la muerte al que tenía el imperio de la muerte, esto es al diablo» (Hebreos 2:14, DHH)

Oro en el nombre de Jesucristo que la muerte ha sido destruida a través del sacrifico que hizo el Hijo de Dios en la cruz del calvario, hoy proclamo esa victoria y establezco que por cuanto soy hijo (a) de Dios la muerte no me puede detener ni me puede tocar, el Cordero ya venció, Él ya triunfo y su victoria me da el derecho legal de caminar en una vida abundante.

Ordeno que toda muerte salga ahora, llamo a la muerte y le doy una orden, en el nombre de Jesucristo de Nazaret, sal de mi vida (exhalar).

Muerte accidental, muerte a través de pactos, muerte destinada para que se activara en algún tiempo o temporada de mi vida, muerte violenta, muerte prematura, muerte en mi alma, muerte en mis pensamientos, muerte en mis relaciones, muerte en mis promesas, toda muerte sale, ahora.

El Hijo de Dios destruyó por medio de su muerte al diablo; así mismo, hoy quedas destruido en mi vida, oro que el mismo poder que levantó a Jesús de los muertos venga sobre mí, activo el poder de la resurrección, ¡ahora!

Gracias, Jesús, porque tú me das vida y vida en abundancia. *Amén.*

77. **«No tengas miedo de nadie, pues yo estaré contigo para protegerte. Yo, el Señor, doy mi palabra» (Jeremías 1:8, DHH)**

Padre Celestial, tú me libras, me libras del enemigo, me libras de la persecución, me libras de trampas ocultas y plagas mortales, me libras de la maldad de los hombres, me libras de la maldad del enemigo, me libras de lo oculto, me libras de lo que es falso.

Me coloco bajo tu manto y establezco tu cobertura en mí, tú eres mi roca, quien protege mi vida, mi defensor. No temeré, no me acobardaré, confieso que tengo un espíritu de dominio propio y que la misma valentía de Josué para enfrentarse a los gigantes está sobre mí ahora.

Extiende tu brazo a mi favor y líbrame, en el nombre de Jesús. *Amén.*

78. «Tú, Señor, me salvaste de la muerte, me diste vida, me libraste de morir» (Salmo 30:3, DHH)

A ti te digo, Señor: Tú eres mi Salvador, tú eres mi protector, tú me has salvado de morir, has protegido mi vida y no has permitido que la muerte me alcance, hiciste un pacto de muerte por mí, expusiste al enemigo y a mí me has regalado vida eterna, tu amor me ha seguido, tu amor me ha protegido, no has permitido que nada me derribe.

Desde el vientre de mi madre me has guardado, tu fidelidad me ha rodeado, no hay accidente, ataque ni enfermedad que me destruya porque mi dueño eres tú, mi Salvador.

A ti, te digo, Padre, tú eres mi Salvador.
Gracias, en el nombre de Jesús.
Amén.

79. «El Señor es mi poderoso protector, en Él confié plenamente y Él me ayudó» (Salmo 28:7, DHH)

Mi Dios amado, hoy reconozco que tú existes, que con el poder de tu sola palabra el universo entero y lo que en él hay fue creado, nadie puede compararse a ti, solo tú eres Dios grande, en esta hora yo te bendigo y declaro tu poder.

Mi alma ha confiado en ti, tú sabes que no tengo ningún lugar seguro a donde correr que no seas tú, nadie puede dar lo que tú das, tú eres el Dios vivo.

Ayúdame, Padre, sácame de todo pozo profundo, sácame de toda cautividad, sácame de toda cárcel y de toda atadura, rompe las cadenas, Señor, abre las puertas, sácame del fango y lleva mi vida hacia un lugar de paz.

En ti confío plenamente y sé que veré la respuesta a mi oración, en el nombre de Jesús. *Amén.*

80. «Has cambiado en danzas mis lamentos; me has quitado el luto y me has vestido de fiesta» (Salmo 30:11, DHH)

Te doy gracias, Padre celestial, porque me has traído a libertad, sé que toda circunstancia difícil que atravieso será cambiada en una historia que me favorece.

Creo que todo lo que sembré con lágrimas lo voy a cosechar con alegría, tú haces que todo el mal opere para mí bien, estoy seguro (a) que transformarás toda situación y todo viento contrario a mi favor, tú tienes el poder para hacer que mi historia termine bien, por tanto, hoy me apropio de esta promesa y oro que a partir de este momento tú cambias mi lamento en baile.

Hoy me adelanto y me alegro en el proceso porque es la hora en que lo que iba a ser mi destrucción lo usas para mi construcción. Gracias te doy, en el nombre de tu hijo, Jesús. *Amén.*

81. «Dominarás a muchas naciones, pero ellas no te dominarán a ti» (Deuteronomio 15:6, DHH)

Mi Señor, tomo tu palabra y la atesoro en mi corazón, oro que por cuanto tu mano me sacó de casa de servidumbre y me hizo parte de tu familia, establezco que nada me dominará, nada me esclavizará, ningún pecado, ninguna falta de perdón, ninguna atadura al pasado, ningún lazo almático impío, ninguna puerta que le hubiese abierto al enemigo, ningún ataque, confieso que ¡nada me dominará!

Tú ya me has hecho libre de la maldición, al morir en la cruz perdonaste mis pecados, nada puede dominarme, ninguna fuerza o fuego extraño, porque estoy sellado (a) bajo el poder de la sangre de Jesucristo.

Hoy oro que mi alma, espíritu, mente, voluntad y pensamientos son gobernados por el Espíritu de Dios; alineo mis pensamientos a los pensamientos de Jesús y oro que tengo la mente de Cristo, hoy me levanto y establezco tu señorío sobre mí. *Amén.*

82. «Bendito sea el que te bendiga y maldito el que te maldiga» (Números 24:9, DHH)

Padre, tu palabra es clara, has dicho que soy bendito (a) y lo que tú has bendecido nadie lo puede mal decir, así que toda boca que se abrió para lanzarme maldiciones queda ahora mismo envuelta en su propia maldición.

Confieso que soy bendito (a), bendito en mi entrada y salida, bendito (a) en todos mis caminos, bendito (a) ahora y siempre en el nombre de Jesús.

Camino bajo tu protección y tu palabra, me convierto en tu voz y bendigo el día en que nací, bendigo mi nombre, bendigo mi cuerpo y ¡bendigo mi vida! ¡Yo soy bendito! Oro que Jesús siendo bendición se hizo maldición para que a través de ello yo sea bendito (a), lo creo y así lo establezco. *Amén.*

83. «Tú eres mi roca y mi castillo» (Salmo 31:3, DHH)

Mi Dios, tú eres la roca donde decido cimentar mi vida, esa roca que siempre se mantiene, sé que, aunque soplen los vientos o se eleven las aguas nada podrá moverme. Dios mío, tú eres mi castillo, el lugar donde habito seguro (a) la morada donde puedo vivir confiado (a); a ti, te digo: tú eres mi roca y mi castillo.

No importa cómo se encuentre el mundo, confieso que no seré movido (a) por las crisis ni por los cambios en los que estamos viviendo, porque sé que estoy sostenido (a) sobre Jesús, que nunca cambia ni se mueve, oro que prevaleceré y me pondrás a salvo de toda situación, en el nombre de Jesús. *Amén.*

84. «Uno solo puede ser vencido, pero dos pueden resistir. ¡La cuerda de tres hilos no se rompe fácilmente!» (Eclesiastés 4:12, DHH)

Mi Dios amado, oro en el nombre del Padre, en el nombre del Hijo y en el nombre del Espíritu Santo. Confieso que no peleo en mis fuerzas ni en mi nombre ni como llanero solitario, vengo en el poder del Padre, del Hijo y del Espíritu Santo y declaro que el cordón de tres dobleces no se rompe fácilmente.

Hoy, en ese cordón de tres dobleces, vengo contra toda resistencia que se erigió para contenerme y para contener el crecimiento y el avance en mi vida, oro en el poder del cordón de tres dobleces que toda contención se cae ¡ahora!

Establezco ese cordón de tres dobleces como protección a mi alrededor ahora y siempre, en el nombre de Jesucristo. *Amén.*

85. «Mil caerán muertos a tu izquierda y diez mil a tu derecha, pero a ti nada te pasará.

Solamente lo habrás de presenciar, verás a los malvados recibir su merecido» (Salmo 91:7-8, DHH)

Hoy, como tu hijo (a), confieso tu promesa, oro que caerán a mis costados, mas a mí nada me sucederá, veré gente caer, situaciones acontecer, pero a mí nada me sucederá; aunque flechas vengan, confieso que solamente derribarán a quienes se encuentren a mi lado derecho y a mi lado izquierdo, tú me librarás de lazo del cazador, me librarás de la peste destructora, me librarás de accidentes, de secuestros, de ataques de pánico, de muerte y de toda maldad, en el poderoso nombre de Jesús.

Padre, según tu palabra he de ver con mis ojos cómo los malvados reciben su merecido, he de ver cómo los que no confiesan tu nombre caen.

Mientras tanto, yo invocaré tu nombre, y tú me pondrás a salvo, fuera del alcance de todos. *Amén.*

86. «Temed a Dios y él los librará de mano de sus enemigos» (2 Reyes 17:39, DHH)

Mi Dios amado, gracias por enseñarme que no debo temer a los hombres, que no debo temer al enemigo, que no debo temer a nada, porque tú estás conmigo; gracias por enseñarme que tenerte reverencia es un arma contra todo temor. Hoy, en el nombre de Jesús, renuncio a todo temor a los hombres, a todo temor a la vida y al enemigo y oro que por cuanto he sido reverente hacia a ti, por cuanto te he honrado, por cuanto me he humillado delante de ti, tú me librarás de la mano del adversario y de todos sus planes.

Líbrame, Padre, de todo lo oculto, de todo lo que no percibo y no veo y líbrame también de todo aquello que puedo ver pero que no viene de ti; que caigan ahora mismo todos los ataques, en el poderoso nombre de Jesús de Nazaret. *Amén.*

87. «Nadie te podrá derrotar en toda tu vida, y yo estaré contigo, así como estuve con Moisés, sin dejarte ni abandonarte jamás» (Josué 1:5, DHH)

Gracias por tu promesa, Padre, gracias por sostenerme, por rodear mi vida con tu bondad, por no permitir que sea avergonzado (a); gracias, porque antes de yo nacer, tú ya habías establecido como mi herencia tu palabra, ya habías dicho que nadie me podría hacer frente; gracias, Padre, porque eres bueno, porque tu promesa es como un escudo a mi alrededor.

Tú eres mi Dios y mi Padre, el que me guarda en todos mis caminos; gracias, porque no existe un solo día en que tu presencia no camine conmigo.

Confiadamente digo: Nunca me dejarás, nunca me desampararás. *Amén.*

88. «Y ni siquiera el poder de la muerte podrá vencerla» (Mateo 16:18, DHH)

Padre, hoy confieso la palabra que le hablaste a Pedro diciéndole que nadie puede vencer a tus hijos, ni aún el infierno mismo.

Ninguna fuerza tiene poder para vencerme, las puertas del infierno no prevalecerán en mi contra, tú no has dado autorización para que yo sea destruido (a), por tanto, oro tu voluntad y digo que viviré y que no moriré.

Todo ataque infernal ahora mismo queda desenmascarado y desbaratado, se deshace la ansiedad, se deshace la opresión, se deshace la pobreza, se deshace la paranoia, se deshace la persecución, oro que no prevalecen, en el nombre de Jesús. *Amén.*

89. «No llores más, pues el León de la tribu de Judá, el retoño de David, ha vencido y puede abrir el rollo y romper sus siete sellos» (Apocalipsis 5:5, DHH)

Mi Dios amado, este es el día de mi liberación, oro que este es el día donde llega la paz en mi vida. Jesús, tu hijo, que es el León de la tribu de Judá, se ha despertado por mí y ha rugido contra mi atacante, se ha despertado el que ya venció y con su rugido ha roto las cadenas que me ataban, ha deshecho los pactos con los que habían marcado mi vida.

El León de la tribu de Judá ya venció, este es el día de mi liberación, ruge león, ruge por mi vida, quebranta los sellos y pelea por mí, establece tu victoria eterna en mí, lo oro en tu poderoso nombre. *Amén.*

90. «Porque vendrá el enemigo como río, mas el espíritu del Señor levantará bandera contra él» (Isaías 59:19, DHH)

Espíritu de Dios, levántate, enfréntate al enemigo, hazle batalla al que vino a amedrentar a tus hijos, levántate por mi vida, invoco tu Espíritu y te pido que en esta hora levantes tu bandera.

Espíritu de Dios, levántate, libera tu poder, mayor eres tú, haz que el adversario salga huyendo, arruina sus planes, aunque se levante con violencia tu Espíritu lo destruirá; es por el poder de tu Espíritu que la batalla es librada.

Invoco el Espíritu de Dios sobre mí y oro que se levanta como mi defensa y como mi bandera, ahora mismo hay una bandera colocada sobre mí, que es la del Dios de la guerra, ¡que caiga el enemigo! Lo establezco en el nombre de Jesucristo de Nazaret. *Amén.*

91. «Pero todo el que te devore será devorado, y todos tus enemigos irán al destierro; haré que sean saqueados los que te saqueen, y que les roben a los que te roben a ti» (Jeremías 30:16, DHH)

Padre Celestial, te doy gracias por tu justicia, tus ojos han observado los momentos en que he sido robado (a) y despojado de lo que me pertenece, todas mis situaciones están frente a tus ojos y recurro a ti como mi defensa.

Has prometido reprender por mí al devorador, te pido que nunca más el robo o el abuso vuelvan a rondar por mi casa, hazme justicia y permite que todos aquellos que devoraban mis bendiciones sean ahora devorados, saca de mi territorio al enemigo, Padre, y que me sea devuelto todo lo que me quitaron.

Despoja al devorador de mi tierra, de mi casa y de todo lo que tú me has dado como propiedad, saquea al enemigo y haz que devuelva todo lo que por años me despojó.

Que sean robados los que me robaron, que sean despojados quienes me despojaron, cierra la boca del devorador y cúbreme, Padre, de toda maldición de perdida y robo, lo pido en el nombre de Jesucristo. *Amén.*

92. **«De ellos saldrán cantos de gratitud y risas de alegría. No disminuirán, pues yo haré que aumenten. No los despreciarán, porque yo los honraré.**

Los israelitas serán como antes; su pueblo estará firme en mi presencia y yo castigaré a sus opresores» (Jeremías 30:19-20, DHH)

Señor amado, tú has dicho que no disminuiré, sino que iré en aumento y que tú me honrarás, hoy elijo tu palabra y te elijo a ti, sabiendo que este es el tiempo del cumplimiento de tus promesas.

En el nombre de Jesús, creo que comienza a llegar a mi vida el tiempo del aumento y del incremento y oro en tu nombre poderoso que, de la manera en la que sucedió con los israelitas, que mientras más los oprimían ellos más se multiplicaban hasta convertirse en un pueblo poderoso, de esa misma manera sucede conmigo, toda la opresión que atravesé declaro que está produciendo mi incremento y multiplicación.

Este es el tiempo de tus hijos, Señor. Tú tienes buenas noticias para tu pueblo, este es el tiempo de la victoria y de la honra para los que creemos en ti.

Castiga a los que me oprimían y haz que lo que deseaban para mí terminé sucediéndole a ellos, en el nombre de Jesús. *Amén.*

93. **«Pero yo te protegeré, para que no caigas en poder de esa gente a la que temes. Yo, el Señor, lo afirmo: Yo te libraré de que te maten. Podrás escapar con vida, porque confiaste en mí. Yo, el Señor, lo afirmo» (Jeremías 39:17-18, DHH)**

Dios Todopoderoso, tú eres mi protector, el que cubre mi cabeza en el combate, líbrame conforme a tu palabra de toda la gente que desprecia y ataca mi vida, líbrame, Padre, de sus artimañas y de su envidia, cubre mi nombre, mi vida y mi cabeza para que no sea tocado (a).

Padre, hazme salir de este proceso con vida, hazme salir en victoria de toda prueba.

Recibo la recompensa de creer en tu nombre y de confiar en tu poder, en el nombre de tu hijo. *Amén.*

94. **«El Señor afirma: La fuerza de Moab ha sido rota y su poder destruido» (Jeremías 48:25, DHH)**

Hoy queda rota toda fuerza y todo espíritu de Moab que estuvo operando en mí contra, ahora mismo es quebrantado e ineficaz para siempre.

Oro que soy libre de toda fuerza y verdugo, Jesucristo al morir en la cruz me redimió de toda maldición, de toda cadena y de toda atadura, declaro el poder de la cruz vigente y activo en mi vida.

Todo enemigo es destruido, todo espíritu de Moab es destruido y a cambio establezco el señorío y la fuerza del Dios Altísimo en mí, en el nombre de Jesús de Nazaret. *Amén.*

95. **«Nuestro Dios es un Dios que salva y que puede librarnos de la muerte» (Salmo 68:20, DHH)**

Declaro a la atmósfera que tú eres el Alfa y la Omega, el principio y el fin, el que es y el que era y el que ha de venir, tú eres el Creador, el Dios Omnipotente, tú eres el Hacedor de milagros, el redentor, el Dios de Abraham, de Isaac y de Jacob, el Dios Altísimo.

Padre, solamente en ti está el poder de dar la vida o de quitarla, nada se mueve sin que tú lo permitas, eres quien salva mi vida y me librarás del sepulcro.

Padre, tú me has librado de morir y a cambio me has entregado una vida abundante sobre la Tierra, y al final de mis días en este lugar sé que tendré la vida eterna, por cuanto tú eres un Dios de vida y no de muerte.

Gracias por la vida, Padre, en el nombre de Jesús. *Amén.*

96. «El Señor, su Dios, hará caer todas estas maldiciones sobre los enemigos de ustedes y sobre los que los persiguieron con odio» (Deuteronomio 30:7, DHH)

Señor amado, que todo lo que has dicho mis ojos puedan verlo manifiesto, yo tengo fe para creer que tu palabra no vuelve vacía, sino que cumple el propósito para el cual la enviaste.

Que toda maldición caiga sobre aquellos que me odian y sobre aquellos que buscan mi mal, que mis enemigos recojan la cosecha que sembraron y que les alcance la maldad que lanzan.

Yo quito mis manos de ellos y te los entrego, Padre, para que sea tu palabra que me haga justicia, lo oro en el nombre de Jesús. *Amén.*

97. «El Señor mismo irá delante de ti, y estará contigo; no te abandonará ni te desamparará; por lo tanto, no tengas miedo ni te acobardes» (Deuteronomio 31:8, DHH)

Tú vas delante de mí, Señor, no soy yo a quien el enemigo le da la cara, es a ti, tu presencia va delante de mí y está conmigo.

Tú eres fiel a lo que hablaste, tu amparo y protección están conmigo, por tanto, confieso que todo temor y todo espíritu de cobardía salen ahora, confieso que tu palabra se hace viva y tu presencia manifiesta.

Ayúdame, Señor, a tomar posesión de todos mis planes, ayúdame a conquistar los sueños y el destino que trazaste para mí, ayúdame, Señor, a cruzar todo Jordán y ser un conquistador en donde quiera pisen las plantas de mis pies.

Te lo pido, en el nombre de Jesús. *Amén.*

98. **«Pero el Señor es fiel y Él los mantendrá a ustedes firmes y los protegerá del mal» (2 Tesalonicenses 3:3, DHH)**

Te doy gracias, Dios eterno, porque si permanezco en pie es por ti, si vivo es por ti, si respiro es por ti, tan cierto como que un día más abrí mis ojos es que tú estás conmigo.

Hasta el día de hoy tú me has ayudado y me has sostenido.

Te doy gracias porque me encuentro escondido (a) en el hueco de tu mano y ahí nada puede tocarme.

Te pido que me libres y me cubras, guárdame de todo peligro, guárdame de la injusticia, guárdame de lo falso y lo torcido, guárdame de todo lo que no produce vida, justicia o verdad; hazme caminar por lugares donde pise en firme y mantenme a salvo todos los días de mi vida, te lo pido en el nombre de hijo amado. *Amén.*

99. **«El Señor dice:**
¡Guerra a Babilonia y a sus habitantes!
¡A sus jefes y sus sabios!
¡Guerra a sus adivinos: que se vuelvan locos!
¡Guerra a sus soldados: que tiemblen de miedo!
¡Guerra a sus caballos y sus carros!
¡Guerra a sus soldados mercenarios: que se vuelvan como mujeres!

¡Guerra a sus tesoros: que se los roben!
¡Guerra a sus ríos que se sequen!»
(Jeremías 50:35-38, DHH)

Que así suceda con mis adversarios, sea la guerra su condición de vida, que caigan sus fortalezas, sus armas y la fuerza con la que contaban, que caiga su ejército, sus capitanes y sus caballos de guerra, que caigan sus brujos y sus trabajos, que caigan sus seguridades y su poder se seque.

Así suceda con mis adversarios lo oro y lo establezco, en el nombre del Hijo de Dios, Jesucristo de Nazaret. *Amén.*

100. «Y ellos le han vencido por medio de la sangre del Cordero y de la palabra del testimonio» (Apocalipsis 12:11, RVR)

A través de mi oración establezco la victoria total y permanente que Jesucristo ganó en la cruz del Calvario. Su sangre me da la victoria, su sangre me cubre y su sangre me hace vencer en todo tiempo.

Oro el poder de la sangre de Jesús y la colocó sobre mi vida, mi casa y sobre todo tiempo de oración, establezco que mis oraciones llevan fruto y son selladas y cubiertas bajo el poder de esa sangre.

La sangre de Jesucristo me da la victoria, la sangre de Jesucristo me da la victoria. *Amén, amén.*

Es mi deseo que a través de tu persistencia en la batalla veas como la mano de Dios se mueve contigo.

Quiero establecer esto en tu mente, no importa que tan grande parezca el enemigo o la situación adversa, porque por encima de ella se encuentra el poder de Dios.

No es el tamaño del enemigo, no es la cantidad, la fuerza que pareciera tener o el tiempo que haya estado persistiendo, es el poder del Dios que está contigo.

Establecido es que para Dios no es difícil dar la victoria con muchos o con pocos, mira lo que narra: «Quizá el Señor haga algo por nosotros, ya que para Él no es difícil darnos la victoria con mucha gente o con poca» (1 Samuel 14:6, DHH).

Lo único que tú necesitas es tener a Dios. Y si crees que lo perdiste todo y solo te queda Él, entonces prepárate porque te vas a volver a levantar.

Referencias

Real Academia Española. (2020). *Diccionario de la Real Academia Española*. Consultado en: http://www.rae.es/rae.html

Biblia de Estudio Dios Habla Hoy. (1994). (3.ª ed.). Ciudad: Sociedades Bíblicas Unidas. Traducción directa de los textos originales: hebreo, arameo y griego.

Biblia Reina Valera 1960.

Si has leído este libro y deseas contactar conmigo, la autora,
puedes hacerlo al correo electrónico
mgm.menchaca@gmail.com